KB053979

부동산 경매
권리분석 5단계

부동산 경매 권리분석 5단계

김대현 지음

매일경제신문사

프롤로그

지금 세계의 경제를 살펴보자. 러시아의 푸틴(Putin)이 우크라이나를 침공한 지 1년이 되었다. 그 때문에 원자재 가격이 치솟고 있다. 미국은 2023년 인플레이션 수치를 7.1%로 잡고, 전 세계의 달러를 모으고자 금리를 올리고 있다. 미국 중앙은행 기준금리가 4.75%이고, 우리 한국은행의 기준금리는 3.5%에서 동결시켰다. 1월 소비자물가지수가 전년 동월 대비 5.2% 상승, 전월 대비 0.8% 상승했다. 조금씩 둔화하기는 하지만, 공공요금 인상이 진행 중이라 여전히 위험성은 안고 있다.

게다가 부동산 경기는 1년 넘게 침체 상태를 벗어나지 못하고 있다. 전국의 주택가격이 반 토막이다. 빈집과 미분양이 속출하고 있다. 최근 정부에서는 부동산 연착륙을 위해 규제지역을 전면 해제했다(강남 3구와 용산구를 제외). 그리고 분양가 상한 지역을 대폭 축소했다. 그런데도

2023년 주택 경기 전망은 밝지 않다. 이런 때에 부동산 관련 필수 지식을 습득해두는 것은 장래를 대비하는 좋은 기회가 될 수 있다.

이 책은 부동산 경매에 따른 권리분석과 실전에 임하는 지식을 기술한 책이다. 그래서 이 책을 잡는 순간, 경제와 법치의 개념에서 부동산 경기의 흐름을 알게 될 것이다. 그리고 부를 잡을 것이다. 왜냐하면, 부동산 경매는 경제의 지표가 되는 금융과 세제, 그리고 강제집행에 대한 기초적인 법률상식을 알게 하고, 그로 인해 현실을 살아가는 지혜의 나침판이 될 수 있기 때문이다. 그래서 일찍이 빈털터리에서 갑부가 된 '세이노'라는 필명을 가진 인기 작가는 "돈을 벌기 위해서는 경매부터 시작하라"라고 했다. 그래서 이 책은 왜 부동산 경매라는 분야를 공부해야 하는지부터 설명하고 있다. 이론과 실전을 오가면서 놀이하듯 편하게 경매와 관련된 지식을 습득할 수 있도록 체계적으로 기술했다. 다소 어려운 용어가 있어도 용어 해설을 읽어가면서 이해한다면, 반드시 좋은 결과를 얻게 될 것이라 확신한다.

이 책은 필자가 20년 전부터 민법과 경매 강의를 시작하고 세 번째 출판하는 책이다. 먼저, 제1장 '경매에 입문하면서'에서 경매에 관한 절차와 기초적인 지식을 서술했고, 제2장에서는 입찰에 앞서 꼭 확인할 사항들과 주의해야 할 특수물건의 특징을 챙겼다. 제3장에서 제5장까지는 입찰에서 인도 후 사용까지로 나누어 단계별로 이해하기 쉽도록 정리했다. 제6장에서 제10장까지는 경매 부동산에 대해 분야별로 철저한 권리분석을 했다. 그리고 제11장에서는 토지 분야를, 마지막 부록에서는 반드시 알아두어야 할 용어들을 해설해두었다.

끝으로 《권리분석 완전정복으로 10년 안에 10억 벌기》에 이어 이번 책을 출간할 수 있도록 기회를 주신 ㈜두드림미디어의 한성주 사장님, 그리고 직원분들에게 감사 인사를 드린다.

로-랜드 생활법률 교육원에서

법학 박사 김대현

CONTENTS

CONTENTS

제7장 권리분석 II - 말소 또는 인수되는 권리

제8장 권리분석 III - 임차권

제9장 권리분석 IV - 공유지분

제10장 권리분석V - 등기 안 된 권리

제11장 토지

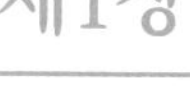

제1장

경매에 입문하면서

사실 부동산 경매는 상당히 전문적인 지식이 필요한 분야다. 우선 법적인 문제를 어느 정도 이해를 해야 하고, 또 절차적인 과정을 정확하게 알아야 적절한 시기에 정당한 방법으로 해결책을 찾을 수가 있기 때문이다. 그래서 이 장에서는 경매에서 가장 기초적인 지식부터 꼭 알아야 할 문제들만을 살펴보기로 한다.

들어가면서

부동산 경매를 배워야 하는 이유는?

법치국가에서 공동생활을 하는 국민으로서 지혜롭게 살아가기 위해 반드시 알아야 할 분야가 바로 생활법률 분야다. 그런데 그 생활법률을 쉽게 익힐 수 있는 분야가 부동산 경매라고 본다. 왜냐하면, 경매는 금전 거래를 통해서 발생되는 현상이고, 공정한 거래를 위한 관련 법규가 철저하게 적용되는 분야이기 때문이다. 또한, 경매로 취득한 부동산을 거래하고 이용하는 것 또한 생활의 한 분야이기 때문이다.

그래서 부동산 경매를 배운다면 생활법률과 금융 문제, 그리고 세제 등을 자연스럽게 알아갈 수 있게 될 것이다.

법치국가에서의 생활법률

기본 상식

아무리 선량하게 살아가는 국민이라고 하더라도 이웃의 문제로 인해 발생하는 불의의 사고는 자기 의지와는 무관하게 일어나는 특별한 변수다. 이 특별한 변수를 막기 위해서는 법률 지식을 갖고 예방하는 것이 최선이다. 가령 어떤 사람이 세 들어서 살고 있는 집이 경매로 넘어가는 경우가 있다. 그러한 경우, 전 재산인 임차보증금을 지킬 수 있는 법률적인 지식은 어느 날 갑자기 생겨나는 것이 아니다. 애당초 계약의 체결 내용이나 방법도 중요하지만, 주택임대차보호법에 의한 대항요건 같은 방법들을 알고 미리 준비한 경우와 그렇지 않은 경우는 천지 차이다. 세를 얻어서 살아가는 집이 언제, 어떻게 된다는 것은 자신의 의지와는 무관하다. 오로지 최대한의 법적인 방법으로 보호 대책을 만들어놓는 것 이외에는 아무것도 없다. 그 법적인 것을 알기 위해 일일이 전문가를 찾아다니는 것 또한 일상생활과는 거리가 있다.

개념의 이해

하지만 부동산 경매에 대해 알게 되면 살아가는 데 최소한의 법률 지식 정도는 저절로 습득하게 된다. 가령 경매 부동산을 분석하다 보면 압류나 가압류, 그리고 근저당권이나 가등기, 가처분 등의 효력 등을 살펴보아야 한다. 그러기 위해서는 민법이나 등기법은 물론이고, 민사집행법 등을 어느 정도는 알아야 입찰에 임할 수가 있다. 이러한 지식은 최소한의 생활법률 수준이다. 특히나 경매에서 자주 등장하는 유치권이나 공유지분 또는 법정지상권 등의 해결 방법은 민법에 의한 전문 지식이다. 이러한 전문 지식을 깊이 있게 알지는 못하더라도 개념 정도는 익혀야 경매에 임할 수 있다는 것이다.

부동산 경매는 법률과 정보의 보따리

따라서 부동산 경매를 배우게 되면 경매와 관련된 기본적인 법률 지식을 저절로 습득하게 되고, 이러한 지식은 일상생활과 직결되는 상식이라 언제 어디서나 이용할 수 있는 생활법률 수준이다. 우리는 법치국가에서 생활하고, 법치의 범위 내에서만 그 능력을 발휘할 수가 있기 때문이다. 부동산 경매 또한 가장 합리적이고 합법적인 범위 내에서 거래가 이루어지는 완벽한 부동산 시장 체제를 갖추고 있어 이를 모르고서는 접근 자체가 쉽지 않다.

이러한 부동산 경매 시장은 종합법률정보 시장이고 경제전망대다. 실제로 생활법률과 관련된 대부분의 판결은 경매와 관련된 사건들이고, 경매를 통해야지만 분쟁이 해결되기도 한다. 경매를 접하면서 자연스럽게 경기 흐름과 정보의 박사가 될 수 있다.

자본주의에서의 금융 지식이란?

돈의 흐름

자본주의 국가에서 금융의 흐름을 정확하게 아는 것은 곧 재테크로 연결된다. 먼저 금리 및 통화량의 변동과 대출 규제, 그리고 달러의 시세와 증권의 현황 등 이러한 경제지표는 부동산 시장에 정확하게 반영된다. 돈을 좇기보다는 돈의 흐름을 파악하고 그 길목을 지켜야 한다.

우선 자본주의에서 가장 큰 자산은 부동산이다. 따라서 돈의 흐름은 부동산 경기를 통해 알아갈 수가 있다. 하나의 부동산 거래가 수십 개의 부대 사업과 연결되기 때문이다.

금융정책

부동산을 통해 수많은 돈이 창출된다. 담보대출을 통한 금융상품의 종류, 주거공간으로서의 주택은 물론이고, 업무 중심의 상업 시설을 이용한 화폐의 흐름 등을 알 수 있다. 그런데 이러한 흐름을 자연스럽게 공부할 수 있는 것 또한 정부의 금융 정책과 부동산 경매다.

따라서 부동산 경매야말로 금융과 정부의 부동산 정책을 알 수 있는 지름길이라고 할 수 있다.

부동산 거래에서의 세제

제도의 이해

부동산 거래에서 기필코 알아야 하는 것은 세제 문제다. 세제는 한 국가의 살림살이를 위한 최대의 수입체제다. 이는 정책 방향과 경기의 변동에 결정적인 영향을 미치고 있다. 이러한 세제와 정책 방향을 이해하지 않고 부동산 경매 시장에 뛰어들기에는 어려움이 있다.

그렇기에 경매를 배우기 전에 민감한 세제와 정책 방향에 대해 최소한의 이해는 해두어야 한다.

세율 차이 이해

입찰에 임하기 전에 반드시 취득세와 교육세 등은 물론이고, 보유세 등을 살피고 해당 세율을 익혀야 한다. 그리고 보유 기간을 예정하고, 양도세를 예측해야 한다. 이를 대충 하는 것은 절대로 금물이다. 가령, 현행 부동산 세율에서 공시가 1억 원 이하의 주택을 취득했을 경우, 그 취득세는 1%다. 이는 법인이나 1가구 2주택자에게도 해당된다. 반면에 1억 원을 초과하는 주택을 취득했을 경우는 취득세가 8%에서 12%이다. 이러한 경우는 대단히 많다. 정확한 지식이 필요한 부분이다.

부동산의 가치성 파악

인간 생활에서 부동산의 가치성은 아무리 강조해도 지나치지 않다. 우리는 부동산과 함께 살다가 부동산과 함께 사라진다. 즉, 부동산의 형성은 우리 생활의 일부라고 할 수 있다.

현장 확인

수많은 부동산 중에서 관심이 있는 부동산을 확인하게 되면 그 가치를 쉽게 비교할 수 있다. 따라서 부동산 경매에서는 현장답사가 가장 중요하다. 경계와 면적의 확인은 기본이고, 도로와의 접경이 지적도와 일치하는지, 이용도와 가치성, 그리고 해당 행정기관과의 허가 사항 등의 확인은 철저하고 분명하게 해야 한다.

공부의 중요성

현장 확인은 물론이고, 그 현물과 등기부, 지적도 그리고 매각물건명세서 등을 통한 공적 장부의 일치 여부 등을 찾아내는 공부를 해야 한다. 특히나 매각물건명세서는 법원 공무원이 작성한 유일한 공문서이기 때문에 문제가 발생한 경우에 근거가 되는 유일한 서류다. 가령 매각물건명세서에는 매수인에게 '인수되는 권리가 없다'라고 기재되어 있지만, 현실적으로 점유자의 권리가 정당하게 존재하는 경우다. 이러한 문제는 매수자가 피해를 보기 때문에, 국가를 상대로 손해배상소송을 하게 된다. 이때 근거가 되는 자료가 매각물건명세서다.

권리관계 확인

경매는 법원과 직접 거래한다고 생각하면 된다. 그래서 모든 것을 스스로 해야 한다. 누구도 대신해줄 수가 없는 문제다. 문제점을 알려주는 중개업자도 없다. 따라서 철저한 자기 책임이 따른다. 특히나 물건의 하자에 대해서는 담보에 대한 책임을 물을 수가 없다.

따라서 부동산 경매에 임할 때는 물건과 권리관계를 동시에 확인하는 절차가 따라야 한다.

기초이론

민법에 대해 알아보자

민법의 연혁

우리 현행 민법은 1958년 2월 22일에 제정·공포된 사법이고, 실체법이다. 이러한 민법은 3대 기본원리를 근간으로 하고 있다. 그 3대 원리가 계약자유의 원칙과 과실책임의 원칙, 그리고 소유권 절대의 원칙이다. 이러한 원리는 현대에 와서 국가의 안전과 질서유지, 공공복리 등을 위해 점차 제약을 받기는 했지만, 여전히 민법 전반을 규율하는 원칙으로 삼고 있다.

개인의 권리·의무 관계를 규율하는 민법

민법은 국민의 권리와 의무에 관한 실체법이고 일반사법이다. 따라서 모든 국민이 민법의 적용을 받는 것이 아니고, 권리와 의무 관계에 있는 사람과 사람에 대한 사법이다. 가령 호의관계로 산책에 동행하는 사람들끼리의 생활 관계나 친구들끼리 놀이를 하는 경우는 생활의 일부이기는 하지만, 법의 규율을 받지 않는다. 상호 권리와 의무관계가 발생하지 않기 때문이다.

따라서 민법은 개인과 개인 간의 사적 질서유지 및 재산 관계 등을 규율하기 위한 법이다. 더 나아가 개인 사이의 채권 채무가 이행되지 않을 때 이를 강제하는 것 중의 한 방법이 부동산 경매다.

경매의 근거 입법

부동산 경매는 민법에서 출발한다. 결국, 부동산 경매는 철저하게 민법 중에서도 재산법에 관한 규정이 적용된다. 즉 민법의 전세권(민법 제318조), 유치권(민법 제322조), 저당권(민법 제365조) 등에 그 규정을 두고 있다.

절차이론

민사집행법에 대해 알아보자

민사집행법

부동산 경매의 실체법은 민법과 상법 등 관련 입법에 근거를 두고 있고, 절차에 관한 법은 민사집행법에 따른다. 따라서 민사집행법 제1조에는 '담보권실행을 위한 경매, 민법과 상법 그 밖의 법률에 따른 경매'로 대별된다고 규정하고 있다(민사집행법 제1조).

취지

민사집행법은 민법 등 실체법에서 규정하고 있는 개인의 권리관계가 누군가로부터 침해받게 될 경우, 국가가 공권력을 통해서 그 권리를 강제적으로 실현시켜주는 제도다. 이는, 자력구제를 인정하지 않기 때문에 부여된 국가 구제 수단에 관한 내용이다.

민사집행의 가장 중요한 문제는 집행을 위한 집행권원·집행문·송달 등의 형식적 요건을 갖춘 경우, 곧바로 강제집행에 들어간다는 것이다. 집행을 위한 권리가 실질적으로 존재하는지, 아닌지 그 여부에 대해서는 고려하지 않는다는 것이다. 따라서 민사집행법에 따른 부동산 경매는 형식적인 요건만 갖추면, 법원의 결정으로 절차가 진행된다는 의미다.

이념과 이상

절차의 신속

강제집행 절차의 신속을 위해 부동산 매각허가결정이 나면, 이에 대한 항고 이유의 제한과 공탁효력의 제한(대법원 1959. 10. 6. 선고 4292민재항119 판결) 등의 제도를 도입하고 있다. 즉, 경매가 진행되면 특별한 경우가 아니면 채무자의 공탁에 의한 변제나 항고 등이 경매를 정지시킬 사유가 되지 못한다는 의미다.

채권자의 권리보호

배당요구종기일을 지정해서 가장(허위) 채권자의 배당 참여를 제한하고 있다. 그래서 배당요구종기일 이전에 배당 신청을 하지 않은 채권자는 배당에서 제외시킴으로써 압류채권자를 보호하고 있다.

매수인 보호

인도명령에서 그 상대방을 매수인에게 대항할 수 있는 권원이 있는 자 이외의 모든 점유자로 확대하고 있다. 따라서 정당한 권원에 의해서 매수인에게 대항할 수 있는 자가 아니면, 매수인의 인도명령에 응해야 한다는 것이다.

채무자 보호

무잉여 압류와 초과압류를 금지하고 있다(민사집행법 제102조). 여기서 '무잉여 압류'란, 압류채권자(경매 신청을 한 채권자)가 채무자의 부동산을 경매 신청한 이후 해당 부동산이 매각된다고 하더라도, 그 낙찰대금으로는 선순위채권자에게 배당되고 나면, 압류채권자에게까지 돌아갈 가망이 없는 경우를 말한다. 이런 경우에는 채무자의 재산만 경매로 날리고, 경매의 효과를 얻을 수 없다는 결과가 되어 채무자를 보호하는 취지로도 볼 수 있다.

그러나 대법원은 이러한 민사집행법상 규정하고 있는 과잉 압류 금지의 원칙과 무잉여 압류금지 규정은 채무자의 재산을 보호하고자 하는 취지가 아닌 압류채권자를 보호하기 위한 규정이라고 한다(대결 2005. 11. 29, 2004다485).

압류채권자 보호

경매에서는 압류채권자의 권리가 크다. 경매의 절차가 진행되면 채권자의 승인이 없는 한 절차가 정지되는 경우는 극히 드물다. 또한, 앞서 기술한 공탁의 제한이나 항고의 제한도 마찬가지다. 그리고 무잉여 압류금지의 경우에 법원의 매수 신청통지를 받고, 일주일 이내에 매수 신청 및 보증제공을 하도록 했다. 이 또한 압류채권자를 보호하기 위함이다. 그리고 취소 결정 이전에 매수 신청과 보증제공이 있게 되면 경매는 속행한다. 이처럼 부동산 경매에서 압류채권자의 권한은 상당하다.

민사집행법상의 경매 절차

부동산 경매 절차를 알고 공부를 하게 되면 한층 이해가 쉽고 흥미를 느끼게 된다. 따라서 이하 강제경매와 임의경매(임의경매를 담보권의 실행이라 한다)의 신청을 비교해보면, 신청 서류와 방법이 다르다는 사실과 그 이유를 확인할 수가 있다.

경매의 신청

1. 강제경매를 신청하는 경우에 필요한 서류

– 집행문을 부여받은 집행권원 (확정판결, 화해조서, 조정조서, 공정증서 등)	1통
– 송달증명원·확정 증명원	각 1통
– 강제집행 신청서	1통
– 채무자 소유로 된 부동산등기사항증명서	1통
– 당사자가 법인인 경우 법인등기사항증명서	1통
– 이해관계인 일람표	1통
– 부동산 표시 목록	10통
– 대리인이 접수할 경우 위임장	1통
– 신분증, 도장	

2. 임의경매를 신청하는 경우에 필요한 서류

- 등기부등본(토지 · 건물) 1통
- 토지대장등본 1통
- 건축물관리대장등본 1통
- 금전소비대차 약정서(차용증서) 1통
- 변제독촉 내용증명(기본계약해지통지) 1통
- 임의경매 신청서 1통
- 등록세 교육세 영수필 통지서 1통
- 집행비용예납서 1통
- 송달료 납부서 1통
- 주민등록표 등본 1통
- 법인등기사항 증명서 1통
- 이해관계인 일람표 1통
- 대리인이 접수할 경우 위임장 1통
- 부동산 표시 목록 10통
- 신분증, 도장

3. 경매 절차

부동산이 있는 곳의 관할 시·군·구청에 등록세·교육세 신고 및 납부

부동산이 있는 곳의 관할 지방법원에 접수(비용 예납)

경매 절차 시작(신청) 

강제경매 개시 결정과 압류 취지를 부동산
등기사항전부증명서에 기입할 것을 등기 공무원에게 촉탁

배당요구의 종기 결정 및 공고

▼

법원은 집행관에게 부동산 현황조사 명령을 한다.
(부동산의 현황, 점유 관계, 차임 등)

▼

매각 부동산 감정평가, 최저매각가격을 정한다.

▼

매각기일을 지정한다. 매각기일 공고

▼

매각(입찰) – 입찰표를 작성해 입찰함에 투입

▼

최고가 입찰자 결정과 매각 여부 결정(기일로부터 1주)/
확정(기일 결정일로부터 1주)

▼

매수인 대금 납부 기한(매수 확정 후 4주 이내)

▼

매수인에게 소유권이전
(부동산 등기사항전부증명서에 가압류, 가처분, 근저당설정,
가등기 등 모든 기입등기를 말소시켜준다.)

▼

배당(채권자, 이해관계인에게 배당한다)
이해관계인에 들어가는 자는 압류채권자, 판결문 정본을 가진 채권자가 배당요구를 한 자, 채무자와 소유자, 등본상의 권리자, 부동산 위에 권리자로 증명을 받은 자 등이다.

경매의 종결

부동산 경매의 진행 절차 및 일정표

종류	기산일	기간	비고
경매 신청서 접수		접수 당일	민사집행법 §80, 264①
미등기건물 조사명령	신청일부터	3일 안 (조사 기간은 2주 안)	민사집행법 §81③④, 82
개시결정 및 등기촉탁	접수일부터	2일 안	민사집행법 §81, 94, 268
채무자에 대한 개시결정 송달	임의경매 : 개시 결정일부터 강제경매 : 등기 필증 접수일부터	3일 안	민사집행법 §83, 268
현황조사명령	임의경매 : 개시 결정일부터 강제경매 : 등기 필증 접수일부터	3일 안 (조사 기간은 2주 안)	민사집행법 §85, 268
감정평가명령	임의경매 : 개시 결정일부터 강제경매 : 등기 필증 접수일부터	3일 안 (평가 기간은 2주 안)	민사집행법 §97①, 268
채권자에게 배당요구종기결정 배당요구종기 등의 공고·고지	등기필증 접수일부터	3일 안 (접수 후 3월 소요)	민사집행법 §84①②③, 268
배당요구종기	배당요구종기 결정일부터	2월 후 3월 안 (종기 후 1월 소요)	민사집행법 §84①⑥, §87③, 268
채권 신고의 최고	배당요구종기 결정일부터	3일 안 (최고기간은 배당요구종기까지)	민사집행법§84 ④
최초 매각기일·매각결정기일의 지정·공고(신문 공고 의뢰) 이해관계인에 대한 통지	배당요구 종기부터	1월 안	민사집행법 §104, 268
매각물건명세서의 작성, 그 사본 및 현황조사보고서·평가서 사본의 비치		매각기일 (입찰 기간 개시일) 1주 전까지	민사집행법 §105②, 268, 민사집행규칙 §55
최초 매각기일 또는 입찰 기간 개시일	공고일부터	2주 후 20일 안	민사집행규칙 §56

종류		기산일	기간	비고
입찰 기간			1주 이상 1월 이하	민사집행규칙 §68
새매각 기일·새매각 결정기일 또는 재매각기일·재매각 결정기일 지정·공고 이해관계인에 대한 통지		사유 발생일부터	1주 안	민사집행법 §119, 138, 268
새매각 또는 재매각기일		공고일부터	2주 후 20일 안	민사집행법 §119, 138, 268, 민사집행규칙 §56
채권자에게 배당요구의 통지 (법원이 이해관계인에게 누가 배당요구를 했다는 취지의 통지다)		배당 요구일부터	3일 안	민사집행법 §89, 268
매각 실시	기일입찰, 호가경매		매각기일	민사집행법 §112, 268
	기간입찰	입찰기간 종료일부터	2일 이상 1주 안	민사집행규칙 §68
매각기일조사 및 보증금 등의 인도		매각기일부터	1일 안(당일)	민사집행법 §117, 268
매각결정기일		매각기일부터	1주 안	민사집행법 §109①, 268
매각 허부 결정의 선고			매각결정기일	민사집행법 §109②, 126①, 268
차순위 매수신고인에 대한 매각결정 기일의 지정, 이해관계인에의 통지		최초의 대금 지급기한 후	3일 안	민사집행법 §104①②, 137①, 268
차순위 매수신고인에 대한 매각결정기일		최초의 대금 지급기한 후	2주 안	민사집행법 §109①, 137①, 268
매각 부동산 관리명령		신청일부터	2일 안	민사집행법§136 ②, 268
대금지급기한의 지정 및 통지		매각허가결정 확정일 또는 상소법원에서 기록 송부를 받은 날부터	3일 안	민사집행법 §142①, 268 민사집행규칙 §78, 194

종류	기산일	기간	비고
대금지급기한	매각허가결정 확정일 또는 상소법원에서 기록 송부를 받은 날부터	1월 안	민사집행규칙 §78, 194
매각 부동산 인도명령	신청일부터	3일 안	민사집행법 §136①, 268
배당기일의 지정·통지계산서 제출의 최고	대금 납부 후	3일 안	민사집행법 §146, 268, 민사집행규칙§81
배당기일	대금 납부 후	4주 안	민사집행법 §146, 268
배당표의 작성 및 비치		배당기일 3일 전까지	민사집행법 §149①, 268
배당표의 확정 및 배당 실시		배당기일	민사집행법 §149②, 159, 268
배당조서의 작성	배당기일부터	3일 안	민사집행법 §159④, 268
배당액의 공탁 또는 계좌입금	배당기일부터	10일 안	민사집행법 §160, 268, 민사집행규칙 §82
매수인 앞으로 소유권이전등기 등 촉탁	서류제출일부터	3일 안	민사집행법 §144, 268
기록 인계	배당액의 출급, 공탁 또는 계좌 입금 완료 후	5일 안	

민사집행법에 따른 경매 용어의 통일

민사집행법을 개정하면서 다음의 표와 같이 경매나 경락, 그리고 입찰 등의 용어를 매각이나 매수 등의 용어로 통일했다. 가령 입찰기일을 매각기일로 하고, 경락인을 매수인으로 통일했다. 따라서 부동산 경매에서는 입찰이나 경매라는 용어가 사라졌다고 보면 된다.

용어의 변천

강제경매	임의경매	통일 후
입찰기일	경매기일	**매각기일**
낙찰기일	경락기일	**매각결정기일**
입찰장소	경매장소	**매각장소**
입찰물건명세서	경매물건명세서	**매각물건명세서**
최저입찰가격	최저경매가격	**최저매각가격**
입찰보증금	경매보증금	**매수보증금**
최고가 입찰자	최고가 매수신고인	**최고가 매수신고인**
차순위 입찰신고인	차순위 매수신고인	**차순위 매수신고인**
낙찰허가결정	경락허가결정	**매각허가결정**
낙찰불허가결정	경락불허가결정	**매각불허가결정**
낙찰자	경락인	**매수인**
낙찰대금	경락대금	**매각대금**
낙찰가격	경매가격	**매각가격**
신입찰	신경매	**신매각**
재입찰	재경매	**재매각**
일괄입찰	일괄경매	**일괄매각**
과잉입찰	과잉경매	**과잉매각**
입찰명령	경매명령	**매각명령**

제2장

입찰에 앞서

입찰 금액을 정할 때, 반드시 알아야 할 일은 해당 물건의 감정 시점과 그 당시의 시세파악이다. 이를 입찰 당시의 시세 금액과 비교하는 일이다.

부동산 경기의 파악

경기의 흐름

경매 시장에 뛰어든다는 것은 일반 거래보다 여러 면에서 장점이 있다. 우선 선택의 여지가 많고, 여건에 맞는 물건을 누구나 쉽게 취할 수 있기 때문이다. 그런데 부동산 경기 전체가 침체된 상태에서는 아무리 쉽게 저렴한 금액으로 취득을 했다고 해도, 거래가 어렵거나 세금과 대출 등의 조건이 맞지 않으면 움직일 수가 없다. 그래서 경매 시장도 정부의 부동산 정책의 중심인 주택 정책과 맥을 같이한다는 것을 알아야 한다. 경매 시장에도 주기적으로 찾아오는 부동산 경기의 회복기와 상승기, 그리고 침체기 등을 면밀하게 살펴가면서 뛰어들어야 한다.

따라서 부동산 경기의 흐름은 주택 경기를 중심으로 움직이고, 이 주택 경기는 정부의 정책 방향과 밀접한 관계가 있다는 것을 알고 시작해야 한다.

부동산 대책과 세제·금융 이해

모든 국민은 정부의 부동산 정책에 대단히 민감하다. 부동산을 소유하지 않은 국민은 거의 없기 때문이다. 그리고 부동산으로 인해 각종 세금과 자금 융통, 그리고 거래를 통해 발생하는 부대 효과가 엄청나 서민경제를 좌우하기 때문이다.

따라서 정부가 제시하는 부동산 정책 방향을 정확하게 이해하고, 그에 따라 움직인다는 것은 지혜로운 처사임에 틀림이 없다. 가령 5억 원짜리 집을 매입했다가 1년 만에 파는 경우와 3년 만에 파는 경우는 세금에서 많은 차이가 날 수 있다. 부동산을 매입할 때도 마찬가지다. 대출의 정도와 금리를 알아야 수익성을 산정할 수가 있다. 이처럼 부동산과 관련된 세제와 금융은 자주 변동하는 현상을 보이기 때문에 정부의 현황 대책 내용을 정확하게 이해하는 것이 곧 현명한 재테크의 하나임을 알 수 있다.

특수물건의 이해

부동산 경매에서 권리분석은 특수물건에서 그 진가를 발휘한다. 경매에서 특수물건은 법정지상권과 유치권, 그리고 공유지분과 임차권 등을 꼽고 있다. 이런 물건은 처음 경매를 시작하는 사람에게는 대단히 위험하다.

법정지상권

부동산 경매에서 법정지상권을 선호하는 이유는 법정지상권이 있는 토지를 취득하고, 그 건물 소유자에게 토지 사용료를 청구하는 경우, 그 토지 소유자가 요구하는 사용료를 감당하지 못하고, 건물을 포기하는 경우가 있기 때문이다. 그렇게 되면 법정지상권이 있는 토지를 매수한 매수인은 토지와 건물을 동시에 취득할 수가 있다.

유치권

유치권이 있는 물건은 원칙적으로 피하는 것이 좋다. 그러나 유찰을 거듭한 물건을 낙찰받은 경우, 그 유치권자가 가장 유치권자(허위)일 경우에는 매수자로서는 행운이라고 할 수도 있다. 왜냐하면 유치권 신고된 물건은 일단 여러 차례에 걸쳐 유찰을 거듭하는 물건이기 때문이다. 그렇다면 입찰 이전에 유치권자의 진정 여부를 가려낼 줄 아는 것이 현명한 권리분석의 한 방법이다.

따라서 법원에서는 유치권 신고가 있으면, '유치권 신고 있음'이라고 기재하고, 그 성립 여부에 대해서는 점유 시점과 유치권자의 채권 금액, 그리고 채권의 성질에 대해 기재해서 입찰자의 참고사항으로 한다.

공유지분

공유 부동산의 일부인 특정 지분이 경매로 나온 경우는 다른 공유자가 우선 매수의 형식으로 매수하는 경우가 대부분이다. 그런데 지분이 경매로 나왔을 경우, 다른 공유자가 우선매수한다는 그 조건을 역이용한다면, 이 또한 좋은 기회가 될 것이다. 가령 공유지분이 경매 대상인 경우, 또 다른 공유자의 지분을 입찰 이전에 매수하고, 우선매수권을 행사하는 것이다.

따라서 공유자의 지위를 획득할 방법 등에 대해서는 입찰자의 몫이다.

임차권

임차권은 주택이나 상가나 특별법의 보호를 받게 된다. 즉, 그 특별법은 임차인의 보호를 위한 것이다. 특별법이 일반법을 우선하기 때문이다. 따라서 대항요건이 있는 임차인의 경우는 매수인이 인수한다는 사실을 명심해야 한다.

여기서 대항요건과 대항력을 살펴본다면, 대항요건은 주택의 경우 전입 일자와 인도를 말하고, 상가의 경우에는 사업자등록 일자와 인도를 의미한다. 그 효과는 익일 0시부터 발생한다. 대항력은 대항요건을 갖춘 임차인이 제삼자에게 대항할 수 있는 힘을 말한다.

따라서 법원에서는 임차인의 점유 사실과 대항력 여부, 그리고 배당요구종기일 이전에 적법한 신고를 한 것인지에 대해 명확하게 기재하고 있다. 특히 대항력 있는 임차인의 보증금에 대해서는 매수인이 인수할 수 있다는 여지를 남기고 있다. 이를 잘 살펴야 한다.

기타 등기상의 권리

금전채권을 근거로 하는 권리

앞에서 기술한 특수한 물건들은 일반적으로 유찰을 거듭하는 물건이다. 이러한 특수한 물건이 아니고서는 누구나 쉽게 이해할 수 있는 권리가 있다. 예를 들어 압류와 가압류, 그리고 근저당권이나 후순위 전세권과 담보가등기 등이다. 이러한 권리는 경매로 인해 당연히 말소되는 권리로, 매수인이 부담하지 않는다.

따라서 금전채권을 근거로 하는 등기상의 권리는 당연히 말소되는 권리다. 그래서 매수인에게는 부담이 없다.

금전 이외의 채권을 근거로 하는 권리

금전채권을 근거로 하지 않는 부동산 자체의 처분을 금지하거나 현상 유지를 요구하는 등의 가처분 및 해당 부동산의 소유권이전의 청구권 가등기 등은 금전채권이 피보전권리가 아니다. 따라서 경매로 말소되지 않는다. 경매는 금전을 배당받기 위한 절차이기 때문이다.

경매로 인해 말소되지 않는 것은 금전 이외의 채권을 근거로 하는 권리다. 그러나 이러한 권리도 선순위가 아니면 역시 소멸한다. 그래서 법원에서는 이러한 경매로 말소되지 않는 권리에 대해서는 당연히 매각물건명세서에 공시되고 있다.

그 외 공시된 권리의 이해

등기된 토지

경매 대상의 등기된 토지는 당연히 그 토지에 압류의 효력이 미치기 때문에 그 등기된 범위 내에서는 권리분석의 대상이 된다. 등기된 부동산은 당연히 등기된 권리의 범위 내에서 말소 여부를 확인하고, 말소될 권리의 순위를 결정하면 된다.

미등기 토지

채무자 소유의 부동산이라고 하더라도 그 부동산이 미등기인 경우, 경매를 진행할 수가 없다. 미등기 부동산의 경우에는 채무자 명의로 등기를 한 이후라야 경매를 진행할 수 있다. 그렇다면 채권자는 경매 신청과 동시에 채무자 소유임을 증명하는 서류를 함께 제출해야 한다. 그 서류는 토지의 경우에는 토지대장·임야대장, 소유권 확인 판결, 수용 증명서 등이다(부동산 등기법 제65조). 이에 대해서는 부동산 등기법이 2011년에 개정되기 이전 판결에서도 마찬가지다. 이와는 달리 제삼자 명의로 등기된 경우, 채무자의 재산이 아니기에 미등기 부동산으로 보지 않는다. 이런 경우, 채무자 명의로 회복된 후에 절차의 진행이 이루어진다.

미등기건물

경매 신청 부동산이 건물인 경우는 압류의 효력이 미치는 것은 당연하다. 경매개시결정에 표시된 부동산의 표시가 부동산의 객관적인 현황과 다를 때는 그 동일성이 인정되는 한 현황의 전부에 관해 압류의 효력이 미친다. 건물의 경우는 토지와 달리 복잡한 권리관계가 발생한다. 가령 채무자 소유의 미등기건물, 주물인 건물에 부합된 건물과 종물, 그리고 독립된 건물 등이다.

이를 차례로 살펴보자. 채무자 소유의 미등기건물은 건축물대장, 소유권 확인 판결, 지방자치단체장이 발급하는 소유권 확인 증명서 등을 첨부해야 하고(민사집행법 제65조), 건물의 지번·구조·면적을 증명할 서류 및 건물에 관한 건축허가 또는 건축 신고를 증명할 서류를 붙여야 한다(민사집행법 제81조 제1항 제2호 단서). 이때 채권자는 공적 장부를 주관하는 공공기관에 민사집행법 제81조 제1항 제2호 단서의 위의 사항들을 증명해줄 것을 청구할 수 있다(민사집행법 제81조 제2항). 이러한 서류가 제출되지 않으면 경매 신청은 각하를 면하지 못한다. 다만, 법원은 채권자의 신청으로 사실조회를 할 수 있고, 집행관을 통해 채권자의 신청에 따라 현장 확인을 하고, 등기관에게 등기촉탁을 한다. 이때 등기관은 촉탁받은 등기사항에 대한 실질적인 심사권은 없고, 형식적인 심사권만 있다. 따라서 등기관이 그 촉탁서와 등기요건이 적합하지 않으면 강제경매 개시 결정등기의 촉탁을 각하해야 한다. 이와 관련해서 대법원은 채무자의 소유지만 건물이 완성되지 아니한 경우와 완성된 경우로 구분해서 경매 신청의 대상으로 할 수 있고, 공사 진행의 정도에 따라서 경매 대상의 건물로 될 수 있다고 했다. 이는 완공되지 않은 경우와 사용·승인되지 아니한 건물이라도 채무자의 소유라고 할 정도의 입증이 되면 경매 대상의 부동산이 된다.

건축 중의 건물

공사 진행 중의 건물에 대해서는 등기 적격이 없다고 보는 경우도 있다. 그렇다면 신축 중의 건물이 집행 대상이 되지 않는 경우는 유체동산으로 보고, 민사집행법 제189조 제2항 제1호의 규정에 따라서 집행의 대상이 된다. 유체동산의 경우로 토지에 정착된 유체동산이면서도 경매의 대상이 된다는 것은 토지와 분리해 독립된 거래의 대상이 되어야 한다.

따라서 토지에 정착된 유체동산의 경우는 거래의 대상이 아니기에 민사집행법 제189조 제2항 제1호(등기할 수 없는 토지의 정착물로서 독립해서 거래의 객체가 될 수 있는 것)의 대상이 되지 않고, 그 밖의 재산권에 대한 강제집행의 대상이 될 수 있을 뿐이라 하겠다.

채무자 소유의 증축된 미등기건물

증축된 건물의 부분이 기존의 건물에 부합하는지, 아니면 독립된 구분건물인지는 구조뿐만 아니라 그 용도와 기능 면에서도 기존건물과 독립성을 갖추어야 하고, 독립한 경제적 효용을 가지고 거래상 별개 소유권의 객체가 될 수 있어야 한다. 또한, 소유하는 자의 의사에 따라 독립된 부동산인지의 여부를 가려야 한다. 이에 대한 판례도 마찬가지의 견해다.

따라서 증축된 건물의 부분이 구조상·이용상의 독립성을 갖춘다고 하더라도 소유자가 구분건물로서 구분행위의 하나인 구분등기를 하는 등 구분행위가 있어야 비로소 별개의 독립된 부동산으로 성립하고 경매 신청의 대상이 된다고 하겠다.

부합물

부동산의 소유자는 그 부동산에 부합한 물건의 소유권을 취득하고(민법 제256조), 압류의 효력도 당연히 부합물에 미친다. 그러나 타인의 권원(지상권, 전세권, 임차권 등을 말한다)에 의해 부속된(부합된 물건이 어느 정도의 독립성을 갖춘 경우) 것은 그렇지 않다(민법 제256조 단서). 임의경매의 경우 저당권의 효력은 저당 부동산에 부합된 물건에 미치므로(민법 제358조 본문), 압류의 효력도 당연히 미친다. 그러나 법률에 특별히 규정(예컨대, 민법 제256조 단서에 따라 타인 소유의 부합물)한 경우에 효력이 미친다.

따라서 부합물은 매각 대상에 포함된다. 즉 경매 부동산을 매수한 매수인의 소유가 된다.

종물

물건의 소유자가 그 물건의 상용에 공하기 위해 자기 소유인 다른 물건을 이에 부속하게 한 때에는 그 부속물은 종물이며(민법 제100조 제1항), 종물은 주물의 처분에 따르고(법 제100조 제2항), 다만, 제삼자 소유의 종물에는 종물 이론이 적용되지 않으므로 압류의 효력이 미치지 않는다.

임의경매의 경우, 저당권의 효력은 저당부동산의 종물에도 미친다(민법 제358조 본문). 따라서 압류의 효력은 종물에도 미친다. 그러나 저당권 설정행위에 다른 약정이 있으면 그렇지 않다(민법 제358조 단서). 이러한 약정은 등기해야 제삼자에게 대항할 수 있다(부동산 등기법 제75조 제2항 제3호).

종된 권리

압류의 효력은 매각 부동산에 부수하는 종된 권리에도 종물의 규정을 유추 적용해 미친다. 부동산의 종된 권리로는 토지에 관해서는 지역권, 건물에 관해서는 지상권이 있다. 대법원은 '저당권의 효력이 저당 부동산에 부합된 물건과 종물에 미친다'라는 민법 제358조 본문을 유추해보면, 건물에 대한 저당권의 효력은 그 건물에 종된 권리인 건물의 소유를 목적으로 하는 지상권에도 미치게 되므로, 건물에 대한 저당권이 실행되어 경락인이 그 건물의 소유권을 취득했다면 경락 후 건물을 철거한다는 등의 매각 조건에서 경매되었다는 등 특별한 사정이 없는 한 경락인은 건물 소유를 위한 지상권도 민법 제187조의 규정에 따라 등기 없이 당연히 취득하게 되고, 이 경우에 매수인이 건물을 제삼자에게 양도한 때는, 특별한 사정이 없다면 민법 제100조 제2항의 유추 적용에 따라 건물과 함께 종된 권리인 지상권도 양도하기로 한 것으로 봄이 상당하다고 했다(대법원 1996. 04. 26. 선고 95다52864 판결).

따라서 매수인은 매각 부동산에 종된 권리가 있는 경우는 함께 그 소유권을 갖는다.

압류목적물에서 부합물 또는 종물의 분리·반출

정당한 사용·수익의 범위 내에서는 분리·반출이 가능하다. 이러한 행위는 정원수의 전지 행위, 불필요한 부속물의 철거 행위 등이다. 이러한 기준은 공시원칙설에 따라 분리·반출 물건이 저당 부동산과 함께 등기에 공시되고 있다고 인정되는 범위에 효력이 미친다고 본다(다수설). 그러나 공장저당의 경우는 선의취득의 원칙이 적용된다. 대법원도 '저당권자는 물권에 기해 그 침해가 있는 때는 그 제거나 예방을 청구할 수 있다고 할 것인바, 공장 저당권의 목적 동산이 저당권자의 동의를 얻지 아니하고 설치된 공장에서 반출된 경우, 저당권자는 점유권이 없기에 설정자로부터 일탈한 저당목적물을 저당권자 자신에게 반환할 것을 청구할 수는 없지만, 저당목적물이 제삼자에게 선의 취득되지 아니하는 한 원래의 설치 장소에 원상회복할 것을 청구함은 저당권의 성질에 반하지 아니함은 물론, 저당권자가 가지는 방해배제권의 당연한 행사에 해당한다'라고 했다(대법원 1996. 03. 22. 선고 95다55184 판결).

따라서 담보가 된 부동산의 부합물과 종물은 담보권의 일부로 본다. 즉, 이를 채무자나 소유자가 임의로 반출하는 것은 불법행위가 된다는 것이다.

미분리의 천연과실

부동산 강제경매와 관계되는 천연과실에는 과수의 열매, 곡물, 광물, 석재, 토사 등이 있다. 미분리의 천연과실은 원래 토지의 구성 부분이므로 명인 방법을 갖추고 제삼자에게 양도된 경우가 아니면 원칙적으로 압류의 효력이 미치나, 그것이 매각허가결정 시까지 수확기에 달해 채무자에 의해 수취될 것이 예상되거나 채굴이 예상되는 경우, 압류의 효력이 미치지 않는다(민사집행법 제83조 제2항). 임의경매의 경우에는 강제경매와 달리 '저당권의 효력은 저당 부동산에 대한 압류가 있은 다음에는 저당권 설정자가 그 부동산으로부터 수취한 과실 또는 수취할 수 있는 과실에 미친다'라고 규정하고 있으므로(민법 제359조) 천연과실에도 압류의 효력이 미친다. 따라서 미분리의 천연과실은 토지의 구성 부분이다.

법정과실

물건의 사용 대가로 받는 금전 그 밖의 물건이 법정과실이다(민법 제101조 제2항), 부동산 경매와 관련된 법정과실에는 토지 사용의 대가인 지료, 가옥 사용의 대가인 집세 등이 있다. 강제경매·임의경매를 불문하고 압류의 효력은 법정과실에는 미치지 않는다.

따라서 법정과실은 매수인이 취득하지 못한다. 즉 입찰자가 낙찰받고, 매각대금을 완납하기 이전까지의 법정과실은 종전의 소유자인 채무자나 물상보증인의 소유로 돌아간다.

공장저당의 목적인 토지와 건물

공장 및 광업재단 저당법 제3조(공장 토지의 저당권), 제4조(공장 건물의 저당권)에 의해 토지와 건물에 저당권이 설정된 경우, 그 저당권의 효력은 그 토지 또는 건물에 부가되어 일체를 이루는 기계·기구 등에도 미치므로, 그 저당권의 실행으로써 경매하고 공장 토지 또는 건물을 압류한 경우, 그 압류의 효력은 당연히 그 공장에 설치된 동산인 기계, 기구 그 밖의 공장의 공용물에까지 미치게 되므로(공장 및 광업재단 저당법 제3조 제8항), 그와 같은 동산은 따로 분리해 압류할 수 없다(공장 및 광업재단 저당법 제8조 제2항).

따라서 공장 및 광업재단 저당법에 따라 공장을 매수한 경우는 그 토지 및 건물은 물론이고, 그에 부착된 기계 등도 매수인의 소유로 된다.

채무자 소유의 그 밖의 재산권

강제집행의 객체는 부동산과 동산, 그리고 채권 등이 있다. 따라서 그 어느 것도 아닌 경우에는 그 밖의 재산권으로 분류한다. 여기에서는 가입전화사용권, 유체동산에 대한 공유지분권, 특허권, 실용신안권, 디자인권, 저작권 등의 무체재산권, 합명회사, 합자회사, 유한회사의 사원권, 조합원의 기본권, 골프 회원권 등을 그 대상으로 한다. 그리고 공유수면 점용허가권은 법 제251조에 규정한 그 밖의 재산권에 포함되기 때문에 강제집행의 대상이 된다. 다만 이와 유사한 광업권과 어업권은 부동산의 강제집행에 관한 규정이 준용된다. 또한, 자동차관리법에 따라 등록된 자동차에 대한 강제집행은 민사집행규칙에 특별한 규정이 없으면, 부동산의 강제집행 규정에 따른다(민사집행법 제187조, 민사집행규칙 제108조). 건설기계 관리법에 따른 건설기계, 특정동산저당법에 따른 소형선박, 항공법에 따른 항공기 등은 부동산에 관한 강제집행에 준용한다. 따라서 이들은 부동산 경매 절차의 장소와 기타 조건에 따른다고 하겠다.

채무자 소유의 무허가건물

강제경매의 객체는 채무자나 담보 제공자 소유의 부동산이다. 그런데 채무자의 부동산이 무허가라면 어떻게 될까? 즉 무허가건물을 채무자의 재산이라고 증명할 길이 없는 경우다. 그래서 공부상 채무자의 재산임을 입증할 길이 없다면, 그 건물은 경매 물건의 대상이 될 수 없다. 무허가건물은 민사집행법 제81조에 규정한 공적인 장부를 첨부할 수가 없기에 강제집행의 대상이 아니다.

부동산에 대한 강제집행은 등기를 전제로 이루어지기 때문이다. 허가받지 않은 무허가건물은 촉탁으로 등기를 할 수 없기 때문에 강제경매의 대상이 될 수 없다. 다만 전술한 바와 같이 토지와 별개로 독립된 거래의 대상이 된다면, 유체동산으로 강제집행의 대상이 된다고 하겠다.

채무자 소유의 지상권과 그 공유지분

지상권과 그 공유지분은 부동산 강제집행의 대상으로 본다. 민사집행규칙 제40조에 의해서 지상권은 부동산의 공유지분과 마찬가지다(민사집행법 제139조). 따라서 지상권은 부동산 자체는 아니지만, 부동산을 목적으로 하는 권리로서 등기의 대상이 되기 때문에 강제집행의 대상이 된다.

대지권 미등기의 구분 소유건물

집합건물의 대지사용권은 원칙적으로 전유 부분의 종된 권리다(집합건물의 소유 및 관리에 관한 법률 제20조 제1항). 따라서 대지권 미등기의 구분 소유건물인 집합건물의 표제부에 대지권 등기가 되어 있지 않다고 할지라도 문제될 것이 아니다. 즉, 그 등기되지 않은 대지사용권은 전유 부분에 대한 대지사용권을 분리 처분할 수 있도록 정한 규약이 존재한다는 등의 특별한 사정이 없는 경우 종된 권리로서 당연히 경매 목적물에 포함되어 압류의 효력이 미친다(대결 1997. 6. 10. 97마814, 대판 2008. 3. 13. 2005다15048 등).

따라서 대지권 미등기의 집합건물이 경매 대상일 경우, 그 자체가 입찰을 회피하는 경향이 있다. 그러나 이는 우려할 문제가 아니라는 것이다.

부동산에 담보된 권리

전세권에 대해 설정된 저당권

전세권에 대해 저당권이 설정된 경우, 그 전세권이 기간만료로 종료

되면 전세권을 목적으로 하는 저당권은 당연히 소멸한다. 그렇게 되면 전세권 자체에 대해서는 저당권을 실행할 수 없다. 또한, 전세보증금의 반환 채권에 대한 우선변제권의 효력이 미치지 않기 때문에 저당권의 의미가 없어진다. 그래서 저당권자는 전세금 반환 채권에 대해서는 별도의 추심명령이나 전부명령을 받거나, 제삼자가 전세금 반환 채권에 대해 실시한 강제집행 절차에서 배당요구를 하는 방법으로 우선변제를 받을 수 있다고 하겠다.

따라서 전세권에 대해 저당권이 설정되고 그 저당권의 실행이 있는 경우, 그 저당권과 전세권은 당연히 매각으로 인해 말소된다.

부동산에 담보되지 않은 권리

토지와 별개의 부동산은 건물과 명인 방법을 갖춘 수목, 입목법에 의한 소유권보존등기가 된 입목이다. 그런데 토지만 강제집행 대상의 경우 그 지상의 독립된 정착물은 매수인(경락인)의 소유로 할 수 없다. 반면, 돌담·다리·도랑 등은 토지의 구성 부분이다. 이는 강제집행의 대상이 되고 매수인의 소유로 된다.

따라서 담보된 부동산이 토지이고, 그 토지에 정착된 물건이 건물이 아닌 그 외의 물건인 경우는 매각으로 매수인에게 인수된다.

제시 외 건물

담보된 부동산이 강제집행 되는 경우, 그 공시된 내용에 '제시 외 건물'이라는 표시를 찾아볼 수 있다. 제시 외 건물은 채무자가 담보를 제공한 물건 이외의 물건을 말한다. 제시 외 물건은 민사집행법에도 없는 용어다. 제시 외 건물이 매각 대상이 되려면 오로지 건물만 매각 대상으로 나와야 한다. 따라서 토지가 매각 대상이 된다면 제시 외 건물은 당연히 매각에서 제외된다. 제시 외 건물이 매각의 대상이 되는 경우는 건물 근저당권 설정 당시에 당사자 간에 저당권의 효력이 미치는 것으로 약정을 했기 때문이다. 이 약정은 당연히 유효하다. 당사자 간의 약정을 하고 그 약정이 유효하다고 하더라도, 제시 외 건물을 당연히 담보권의 실행 대상으로 삼을 수는 없다. 왜냐하면, 저당권 설정계약 당시에 존재하던 제시 외 건물이 등기되지 않은 경우라면 경매 대상에서 제외될 수밖에 없다.

제시 외 건물이 법원의 공고 내용(매각물건명세서)과 채무자가 주장하는 실체상의 내용이 다를 경우에는 매수인이 소유권취득을 주장하는데 어느 정도 제한받는다. 문제는 토지가 매각 대상이 된 경우에 그 지상의 건물이 제시 외 건물이라면 법정지상권의 성립 여부 문제가 발생한다. 왜냐하면 제시 외 건물이란 채권자가 제시한 부동산 이외의 것을 말하기 때문이고, 제시 외 건물이 건물로서 등기가 된 부동산이라면 당연히 제시 외의 것이기 때문에 굳이 제시 외 건물이라고 표시하지 않고, 건물은 제외하고 토지만 매각한다고 공고한다.

따라서 토지가 매각 대상으로 된 경우에 법정지상권이 애매하게 되는 것은 토지상에 무허가 미등기의 건물이 있는 경우다. 제시 외 건물이 법정지상권이 되느냐의 여부는 저당권 설정 당시에 건물이 존재했느냐다. 이는 실체관계로 파악해야 한다.

제3장

입찰에서 매각까지

이 장에서는 실전에 임하는 자세로 입찰에서 매각 후 부동산 소유권이전등기까지 초보자로서 반드시 알아야 할 사항들을 묶어보았다.

입찰 전에 확인해야 할 사항

경매 부동산 중에 마음이 드는 물건이 있다면 우선적으로 무엇을 해야 할까?

① 우선 경매 사이트를 통해 등기사항전부증명서를 확인해야 한다.

② 그다음에는 현황조사서를 통해 점유자가 누구인지 등을 확인한다. 임차인이나 전세권자 등이 있다면 대항요건 문제를 확인하기 위함이다.

③ 감정서를 통해 감정가의 결정 기준시점을 확인해야 한다. 이는 감정 당시의 시세와 감정가를 비교하기 위해서다.

④ 마지막으로 매각물건명세서를 확인한다. 매각물건명세서에는 권리관계의 소멸 여부를 공시하기 때문이다. 이러한 확인 절차를 거친 후 현장답사를 한다.

⑤ 현장답사를 가서 점유자가 있는지, 누가 점유하는지, 그 점유자

의 권원이 무엇인지의 문제 또한 권리분석의 일부이기에 공부와 일치하는지를 확인해야 한다. 이러한 점유 관계와 권리문제를 매각물건명세서와 일치하는지를 확인한다.

⑥ 그 외 물건의 상태와 주변 시세와의 비교, 그리고 해당 물건의 활용도 등에 대해서는 인근 중개사무소와 경비실 등을 통해 발품을 팔아서 알아보아야 한다.

⑦ 입찰을 보고 낙찰자로 결정되면 더는 생각하지 않는 것이 좋다. 가령 내가 입찰하고 몇 명이 응찰했는지, 차순위 신청권자와의 금액은 얼마의 차이인지 아무런 의미가 없기 때문이다. 오로지 자신이 생각해서 적절하고 형편에 맞는 입찰 금액을 결정했다면, 잔금을 납부하느냐 아니냐의 문제만 남는다. 따라서 낙찰되면 그 때부터 새로운 작업을 해야 한다. 즉, 되팔 것인가 아니면 리모델링해서 임대할 것인가 등의 계산을 해야 한다.

매각 후 대금 납부까지 확인해야 할 사항

매각부터 대금 납부까지

입찰에서 최고가로 낙찰되면 그로부터 일주일 후에 최고가 신청인에 대한 매각결정을 하고, 또다시 일주일 후에는 매각허가결정을 하고, 동시에 대금 납부 통보를 한다. 낙찰 후 대금 납부까지는 약 한 달 내지 한 달 보름 정도의 시간이 소요된다.

따라서 입찰 이후 잔금을 납부할 때까지는 매각물건을 살펴보고, 소유자나 채무자 등 점유자와 만나서 명도 문제를 논의하는 것이 좋다. 그것이 추후 명도 문제를 손쉽게 하는 방법이 될 수 있다.

매각되고 일주일 내에 할 일

매수인은 낙찰되고 즉시 해당 물건을 확인하고 인도 문제나 목적물의 현황 점검을 해야 한다. 가령 낙찰 후 현장에 갔을 때 뜻하지 않게 유치권 주장자가 있다거나 목적물이 훼손된 경우를 볼 수 있다. 이때는 즉시 법원에 그 사실을 알리고 매각물건명세서와 다른 점을 확인해서 문제가 있다면 매각불허가 신청 문제를 결정해야 한다. 매각불허가 신청은 낙찰 후 일주일 내다.

따라서 낙찰 후 일주일 내에는 현황 점검을 거쳐 잔금 납부 준비를 해야 한다.

매각불허가의 조건 5가지

매각되고 일주일 이내에 매각불허가 신청을 할 수 있다. 이때는 다음과 같은 불허가 조건이 있어야 한다.

이해관계인의 이의가 정당해야 한다

이러한 경우는 매각물건명세서를 근거로 해서 최고가 매수신고인 등이 이의 신청을 함으로써 법원이 이를 받아준 결과다(민사집행법 제123조). 예컨대, 매각물건명세서에 첨부된 감정평가서에 기재된 감정가가 현재의 시세보다 현저히 높게 평가된 것이라는 이유 등이다. 이에 대한 입증은 매수인이 해야 한다. 이때는 현지의 부동산 시세 조사서를 첨부하는 것이 입증에 유리하다.

직권에 따른 매각불허가결정

법원의 직권에 따른 매각불허가결정은 이해관계인의 이의 신청이 없다고 하더라도 법원 직권으로 불허가결정을 한다. 예컨대 최고가 매수신고인의 자격이나 능력에 흠결이 있는 경우 등이다.

과잉 매각

과잉 매각의 경우에는 여러 개의 물건이 담보로 된 경우에 그중 하나의 부동산으로도 채무변제가 가능한 경우에는 다른 물건은 과잉 매각이 된다. 이러한 과잉 매각이 뒤늦게 알려지면 매각불허가결정을 한다(민사집행법 제124조).

집행정지 결정 정본

매각기일이 종료되고 난 뒤에 집행정지 결정의 정본이 제출된 경우는 매각불허가결정을 한다. 이는 ① 매각기일 종료 후 매각허가결정 선고 전인 경우, ② 매각허가결정 선고 후 확정 전인 경우, ③ 확정 후 대금 납부 전인 경우, ④ 대금 납부 후 제출이 된 경우 등으로 나눈다. 이 중 ① 매각기일 결정 전에 제출된 경우라야 불허가결정을 한다.

부동산의 훼손

부동산의 상태가 현저히 훼손된 경우도 매각불허가결정 사유가 된다. 이때 훼손이 매수신고 전에 일어난 것이면 다시 감정평가를 할 것이고, 매수신고 후에 훼손된 경우는 매수신고인의 이의 신청으로 불허가결정을 한다.

따라서 매수신고 이전과 이후에 따라 감정가가 달라진다는 것이다.

보증금 반환

앞과 같은 조건에 따라 매각불허가 신청을 하게 된다면 법원이 최종 결정을 한다. 즉, 법원이 결정서를 작성하고 그 결정서에는 매각 부동산, 최고가 매수신고인의 이름, 주민등록번호를 표시하고, 매각불허가 취지를 기재하고 그 이유를 함께 기재한다.

이러한 사유를 살펴서 최종적으로 매각불허가결정을 하게 되면 매수 신청보증금을 매수인에게 반환한다. 따라서 매각불허가 여부에 따라서 보증금 반환 여부가 결정된다.

다시 해도 새 매각

보증금을 반환하고 다시 매각해야 할 경우, 재매각이 아닌 새 매각을 결정하고 매각기일을 정한다. 새 매각의 경우에는 언제나 보증금이 최저가의 10%다. 과잉 매각으로 불허가가 된 경우는 그 불허가된 부동산에 대해서는 그대로 둔다. 그리고 공동담보의 하나인 매각이 허가된 부동산에 대한 매수인의 잔금이 완납될 때까지는 그대로 둔다. 그리고 대금 완납 후에 비로소 과잉 매각의 결정으로 그대로 두었던 매각불허가 부동산에 대해 경매개시결정을 취소한다.

결국, 공동담보에서 과잉매각결정이 되면 곧바로 경매개시결정을 취소하는 것이 아닌, 나머지 부동산에 대한 경매 절차를 진행하고 나서야 경매개시 취소 결정을 한다는 것이다.

매각허가결정에 대한 이의

입찰기일에 최고가 입찰자의 결정과 매각 여부가 결정되면, 그로부터 일주일은 이해관계인이 매각에 대한 이의 신청을 할 수 있는 기간이다. 이때 이의 신청을 할 수 있는 이해관계인은 압류채권자(경매 신청인), 채무자와 소유자, 부동산 등기부상의 권리자, 부동산 위의 권리자로 그 증명이 된 자, 판결정본 등을 가진 배당신청권자 등이다. 이러한 이해관계인이 이의 신청을 할 수 있는 사유는 다음과 같다.

① 강제집행을 허가할 수 없거나 집행을 계속 진행할 수 없을 때 강제집행을 허가할 수 없다는 것은 담보권이나 채권이 소멸된 경우이고, 집행을 계속할 수 없다는 것은 법원으로부터 집행정지 결정이 도달된 경우다.

② 최고가 매수신고인이 부동산을 매수할 능력이나 자격이 없을 때

③ 부동산을 매수할 자격이 없는 사람이 최고가 매수신고인을 내세워서 매수신고를 한 경우

④ 최고가 매수신고인 그 대리인 또는 최고가 매수신고인을 내세워 매수신고를 한 사람이 민사집행법 제108조(매각장소 질서유지 위반 사유) **각 호에 해당하는 때**

⑤ 최저매각가격의 결정이나 일괄 매각의 결정 또는 매각물건명세서의 작성에 중대한 흠이 있는 때

⑥ 천재지변 그 밖의 자기가 책임질 수 없는 사유로 부동산이 현저하게 훼손된 사실 또는 부동산에 관한 중대한 권리관계가 변동

된 사실이 경매 절차 진행 중에 밝혀진 때

⑦ 경매 절차에 그 밖의 중대한 잘못이 있는 때

⑧ 앞과 같은 사유로 이해관계인의 이의 신청을 받은 법원은 최종적으로 허가 여부를 결정하게 된다. 이때 법원의 불허가결정이 나면 새 매각이 된다. 반대로 법원이 이의 신청을 기각한 경우, 경매는 매각대금 납부 등 배당까지 절차에 따라 진행된다.

매각물건명세서의 중요성

매각물건명세서는 법원이 작성한 가장 책임 있는 공문서다. 따라서 매수인이 낙찰된 부동산에 대한 이의가 있거나 불허가처분을 받기 위해서 제시하는 유일한 서류다. 그렇기에 매각물건명세서는 법원 공무원이 신중하게 작성하고 가장 늦게 공시한다. 만약 매각물건명세서에 잘못된 내용이 있는 경우에 법원 공무원은 책임을 지게 된다. 이는 판례가 인정하는 바이기도 하다.

매수인이 매각대금 전후를 통해 권리관계를 전제로 하는 다툼의 근거는 언제나 매각물건명세서가 된다. 그래서 입찰자가 마지막으로 철저하게 확인하는 자료가 바로 이것이다.

매각대금 완납 후 등기까지 확인해야 할 사항

대금 완납과 소유권이전

매각 잔금을 지급하면 곧바로 소유권이 매수인에게 이전된다. 등기와는 상관없이 소유권이 변동된다는 것이다. 그래서 대금을 완납하고, 부동산에 대한 일체의 점검이 필요하다. 아파트의 경우, 관리비 문제와 가스요금 등을 정산한 후, 명도 등의 문제를 확인해야 한다. 그리고 나머지 등기는 추후 언제든지 해도 된다는 취지다.

재산세 납부는 입찰기일(낙찰)을 기준으로 한다

그렇다면 경매 물건의 취득 기준을 대금 완납 시를 기준으로 할 때, 재산세 납부 기준을 언제로 할 것인지가 문제다. 지방세법 제107조 제1항에 의하면, 재산세 납부 기준은 매년 6월 1일을 기준으로 한다. 즉, 매년 6월 1일자를 기준으로 사실상 재산을 소유하고 있는 자의 부동산에 대해 부과되는 세금이 재산세다. 이때 사실상의 보유 현황은 공부인 등기부를 기준으로 한다. 그런데 어떤 사람이 5월 말에 낙찰을 받고 그 잔금을 6월 중순 경에 했을 경우, 그 소유권 변동은 6월 1일 이후이기 때문에 그 목적물에 대한 재산세 납부는 전 소유자가 부담해야 한다는 결과다. 그러나 이때는 대금 완납을 전제조건으로 입찰일로 소급해서 재산세 납부 기준이 된다는 것이다. 이는 국가에 대한 세금 납부를 회피하고자 고의로 대금 납부를 늦추는 결과, 무자력자가 된 채무자에 재산세를 부과하는 경우를 피하기 위함이라고 하겠다. 아파트 관리비가 체납된 경우도 마찬가지다. 즉 아파트 관리비가 체납된 경우, 전용 부분의 관리비와 공용 부분의 관리비 중에서 공용 부분만 매수인이 부담하고, 전용 부분 관리비는 낙찰대금 완납일 다음 날부터의 관리비를 부담하는 것이 아닌, 대금 완납을 정지조건으로 입찰일로 소급해서 그 이후부터의 소유권을 인정해서 관리비 부과를 하게 된다.

이전등기 비용 등

낙찰받고 대금을 완납하면 소유권이 넘어온다. 그러나 담보로 제공하거나 매매로 이전등기를 해주기 위해서는 완납증명서를 근거로 이전등기를 먼저 하고 담보 제공을 하거나 이전등기를 해야 한다. 이때 각종의 세금과 채권매입에 들어가는 비용은 의외로 얼마 되지 않는다. 그래서 가능하다면 본인이 직접 등기 등을 하는 것이 경험이나 비용 측면에서 좋다.

취하

입찰 전까지의 취하

입찰 전에는 압류채권자가 임의로 취하할 수 있다.

입찰 후 매각대금 납부 전까지의 취하

매수신고가 있고 난 뒤에 취하는 최고가 매수인과 차순위 매수인의 동의를 받아야 한다(민사집행법 제93조).

따라서 매각대금을 완납한 이후에는 취하의 효력이 없고, 배당 절차를 속행한다.

이중경매에서의 취하

이중경매 신청이 된 경우에는 선행 사건의 취하는 최고가 매수인의 동의도 필요 없다(민사집행법 제87조 제2항). 후행 사건의 취하 역시 언제든지 최고가 매수신고인의 동의도 필요 없이 취하할 수 있다. 다만 후행

사건이 배당요구종기 후에 신청한 경우, 선행사건의 취하는 최고가 매수신고인의 동의가 필요하다(민사집행시행규칙 제49조 제1항).

재매각 명령 후의 취하

재매각 명령 후에 대금 납부를 하지 않은 경우는 재매각 절차를 야기한 전 매수인은 경매 신청 취하에 대한 동의권자가 아니다(대결 1999. 5. 31, 99마468). 재매각 명령이 내려지면 재매각기일 3일 전까지는 매수대금을 납부하면 된다. 단, 지연이자는 납부해야 한다(민사집행법 제138조 3항).

취하의 신청

취하 신청권자는 압류채권자이고, 방법은 서면이다.

제4장

매각에서 인도까지

이 장에서는 매각에서 부동산 인도까지
매수인이 해야 할 일들을 묶어보았다.

매수인의 부동산 관리

침해행위방지조치 vs 관리명령 · 준인도명령 vs 인도명령

시기	경매개시결정 이후~ 매각허가결정 전 (민사집행규칙 §44)		매각허가결정 이후~ 대금 납부 전 (민사집행법 § 136②③)		대금 납부 이후~ 6월 이내 (민사집행법 §136①)
구 분	금지명령· 작위명령	집행관 보관명령	관리명령	준인도명령	인도명령
신청인	압류채권자 또는 최고가 매수신고인		압류채권자 또는 매수인		매수인
담보	有 또는 無 담보	(반드시) 有 담보	無 담보	有 또는 無 담보	無 담보
집행	집행권원 ○	보전집행 권원 準	집행권원 X	보전집행 권원 準	집행권원 ○(判)
점유자심문	○	○	X	○	○
불복방법	즉시항고 ▶ 민사집행법 §15 적용 O				

압류채권자나 부동산의 매수인은 해당 부동산을 특별히 관리해야 하는 경우가 있다. 즉, 경매개시결정 이후 해당 부동산을 관리하지 않으면 심하게 훼손된다거나 멸실위험이 염려되는 경우, 압류채권자는

금지명령이나 작위명령을 법원에 신청할 수 있다. 그리고 매수인이 결정되면 해당 부동산의 보관이 특별히 필요할 때가 있다. 이때 매수인은 법원에 관리명령을 신청하는 제도다.

매수인의 부동산 인도

매수인의 신청

① 인도명령을 신청할 수 있는 자는 매수인과 매수인의 상속인 또는 회사의 합병 등에 의해 매수인의 지위를 승계한 일반승계인에 한한다. 인도명령이 발해진 후의 일반승계인은 승계집행문의 부여를 받아 인도명령의 집행을 할 수 있다. 여기서 일반승계는 포괄승계라고도 한다. 이는 상속이나 회사의 합병 등으로 피상속인이나 피합병 법인의 일체의 권리 의무를 모두 승계하는 것이고, 특별승계란 매매 등과 같이 매수인이 매매목적물의 개개의 권리 의무를 개개의 취득 원인에 의해서 승계되는 것을 말한다.

② 매수인이나 그 승계인이 매각대금을 지급했으면 족하고, 매수인 명의로 소유권이전등기가 되었음을 요하지 않는다.

③ 인도명령 신청권은 매각대금을 모두 지급한 매수인에게 부여된 집행법상의 권리다. 즉, 매수인이 갖는 권리다. 그래서 설사 매수

인이 매각 부동산을 제삼자에게 양도했다고 하더라도 매수인이 인도명령을 구할 수 있는 권리를 상실하지 아니한다(대결 1970. 9. 30. 70마539). 양수인 앞으로 소유권이전등기를 마친 경우에도 마찬가지다. 이는 매수인으로부터 매각 부동산을 양수한 양수인(특정승계인)은 매수인의 집행법상의 권리까지 승계하는 것은 아니므로 그 양수인은 승계를 이유로 인도명령을 신청할 수 없다(대결 1966. 9. 10. 66마713). 그렇다고 매수인을 대위해 인도명령을 신청하는 것도 허용되지 아니한다. 따라서 인도명령은 매수인만이 정당한 권리가 없는 점유자에게 갖는 권리다.

④ 채무자나 소유자가 실체상의 점유권원을 가지는 경우, 매수인의 인도명령 신청을 거절할 수 있다. 그러나 매수인이 대금 납부 후 채무자나 소유자에게 매매 등으로 경매 부동산을 양도한 경우는 인도명령을 신청할 수 없다. 이때는 매수인이 채무자나 소유자와의 매매계약의 해제 등 그 점유권이 소멸된 사실을 입증하지 않는 한 인도명령을 신청할 수 없다(대결 1999. 4. 16. 98마3897). 따라서 매수인이 채무자나 소유자 등에게 경매 목적 부동산을 매매나 증여 등에 의해 양도한 경우에는 인도명령 신청권이 없다는 것이다.

⑤ 임의인도든 인도명령 집행에 의한 인도든 매수인이 일단 부동산을 인도받은 후에는 제삼자가 불법으로 점유해도 그자를 상대방으로 인도명령을 신청할 수 없으나, 인도명령을 신청한 바 없이 점유자에 대해 잠시 인도를 유예해준 것에 불과한 경우에는 인도명령 신청권을 상실하지 아니하고, 유예기간이 지난 뒤에 행사할 수 있다.

⑥ 관리명령에 기해서 관리인이 부동산의 점유를 취득했으면 매수인은 인도명령을 신청할 이익이 없으나 아직 관리인이 부동산의 점유를 취득하지 못한 사이에 대금 지급이 있었다면 매수인은 인도명령을 신청할 수 있다. 이때 관리명령이란, 최고가 입찰신청인이 매매 잔금을 납부하기까지 경매 부동산을 관리해달라는 요구로 법원에 의해 명해지는 것이다. 따라서 관리인이 점유하고 있다면 인도명령을 신청할 수 없다는 취지다. 관리인은 매수인이 신청해서 점유하고 있는 자이기 때문이다.

⑦ 공동매수인 또는 매수인의 공동상속인은 전원이 공동으로 또는 각자가 단독으로(불가분채권 또는 공유물관리 행위로서) **인도명령을 신청할 수 있다**(민법 §409, 민법 §265 단서)**. 따라서 공동매수인은 각자가 인도명령을 신청할 수 없다.**

신청의 상대방

인도명령 신청에서 가장 중요한 것은 상대방을 특정하는 것이다. 여기서 인도명령의 상대방은 채무자, 소유자 또는 부동산 점유자다(민사집행법 §136①). 특히 주의할 것은 채무자나 소유자의 일반승계인도 인도명령의 상대방이 된다(대결 1973. 11 .30. 73마734)는 것이다.

따라서 인도명령의 상대방은 채무자나 소유자의 일반승계인도 된다. 반대로 특별승계인은 안 된다. 기술한 바와 같이 일반승계인과 특별승계인은 차이가 있다.

채무자

채무자는 경매개시결정에 표시된 채무자를 말하고 그 일반승계인이 포함되며, 상속인이 여러 명인 경우, 각 공동상속인에게 개별적으로 인도명령의 상대방이 되어야 한다. 그러나 채무자 소유의 건물이 존재하는 토지가 매각되어 건물을 위한 법정지상권이 발생한 경우와 같이 채무자가 매수인에게 대항할 수 있는 권원을 가지는 경우, 이때는 단순 점유자와 마찬가지로 인도명령의 대상이 되지 않는다.

따라서 채무자가 임차인의 지위를 겸하고 있는 경우에는 단순한 채무자로 취급할 것이 아니라 점유자로서 매수인에게 대항할 수 있는지 아닌지를 따져서 인도명령을 발해야 한다. 가령 채무자가 동생 소유의 아파트에 관해 근저당권을 설정하고 대출을 받으면서 채권자에게 자신은 임차인이 아니고 위 아파트에 관해 일체의 권리를 주장하지 않겠다는 내용의 확인서를 작성해준 경우, 그 후 대항력을 갖춘 임차인임을 내세워 이를 낙찰받은 채권자의 인도명령을 다투는 것은 금반언 및 신의칙에 위배되어 허용되지 않는다(대결 2000.1.5. 99마4307).

따라서 대출받을 당시에는 일체의 권리를 주장하지 않겠다고 했다가 이를 뒤집어서 경매 후에는 매수인에게 대항할 수 있다고 권리를 주장할 수는 없다는 취지다. 이러한 경우는 앞서 기술한 가짜임차인의 사례에서와 같은 내용이다.

소유자

소유자는 경매개시결정 당시의 소유자를 말하고(경매개시결정 후의 제3

취득자도 포함시켜야 한다는 견해도 있다), 그 후의 소유자는 인도명령의 대상이 아니다. 실체상의 점유권원을 가지는 경우라고 하더라도 인도명령의 대상이 되지 아니한다(대결 1999. 4. 16. 98마3897).

부동산의 점유자

구 민사소송법은 인도명령의 상대방 중 채무자, 소유자 이외의 자를 압류의 효력이 발생한 후에 점유를 시작한 부동산 점유자로 한정했으나, 민사집행법은 구법과 달리 '매수인에게 대항할 수 있는 권원'에 의해 점유하고 있는 것으로 인정되는 점유자가 아니면 모두 인도명령의 대상이 된다. 즉 압류의 효력이 발생하기 전에 점유를 시작한 점유자에 대해서도 인도명령을 발령할 수 있도록 했다(민사집행법 §136①).

따라서 점유를 시작한 때가 압류의 효력 발생 전인지 여부와 관계없다. 심지어는 매각으로 인해 소멸하는 최선순위의 담보권이나 가압류보다 먼저 점유를 시작한 점유자라도 매수인에게 대항할 수 있는 권원에 의해 점유하고 있는 것으로 인정되는 경우가 아니면 인도명령의 상대방이 된다.

직접점유자만이 상대방이 된다

'매수인에게 대항할 수 있는 권원'

여기서 대항할 수 있는 권원이란 매각으로 소멸하지 않고 매수인에게 대항할 수 있는 권원을 말한다. 즉 매각으로 인해 소멸하는 저당권·압류·가압류 등에 우선하는 대항력 있는 용익권(임차권, 지상권)이라든가 압류의 효력이 발생하기 전에 점유를 취득한 유치권(대판 2009. 1. 15. 2008다70763 등)이 포함되고, 법정지상권이라든가 매수인과 점유자의 합의에 따라 새로 성립한 용익권 등이 포함된다. 따라서 여기에서 점유자는 정당한 권원에 의한 점유자다.

유치권자

유치권자는 채무자의 승낙이 없는 이상 그 목적물을 타에 임대할 수 있는 처분 권한이 없으므로(민법 §324②), 소유자의 동의 없이 유치권자로부터 유치권의 목적물을 임차한 자의 점유는 '매수인에게 대항할 수 있는 권원'에 기한 것이라 볼 수 없다(대결 2002. 11. 27. 2002마3516). 따라서 소유자의 승인이 없는 유치권자와의 임대차계약을 한 임차인은 직접점유자라고 하더라도 대항력이 없다.

배당표가 확정될 때까지 대항력이 있다

대항력과 우선변제권을 겸유하고 있는 주택임차인이 배당요구를 했고 보증금 전액을 배당받을 수 있는 때에는 그 보증금 상당의 배당금을 지불받을 수 있는 때, 즉 배당표가 확정될 때까지는 매수인에 대해 임차주택의 명도를 거절할 수 있으므로(대판 2004. 8. 30. 2003다23885), 그때까지는 매수인에게 대항할 수 있다.

매수인의 부동산 인도명령 신청

신청 방법

서면이나 구두

인도명령은 법원의 직권에 의해서는 발령할 수 없으며, 매수인의 신청에 의해서만 할 수 있다. 인도명령의 신청은 관할 지방법원에 서면 또는 구두로 할 수 있다(민사집행법 §23①, 민사소송법 §161①). 민사집행법 제4조의 적용은 없으나 통상서면으로 한다.

신청 시기

인도명령은 매각대금을 낸 뒤 6개월 이내에 신청해야 한다. 6개월이 지난 뒤에는 점유자를 상대방으로 해서 소유권에 기한 인도 소송을 제기할 수밖에 없다.

관할 법원

당해 부동산에 대한 경매 사건이 현재 계속 중이거나 과거에 계속되어 있었던 집행법원이다(민사집행법 §136①). 이는 전속관할이다(민사집행법 §21). 부동산의 인도명령 및 관리명령은 사법보좌관이 아닌 단독판사의 업무다(사법보좌관 규칙 §2①iv나목).

인도명령의 재판

심리

① 법원은 서면심리만으로 인도명령의 허용 여부를 결정할 수도 있고, 또 필요하다고 인정되면 상대방을 심문하거나 변론을 열 수도 있다(민사집행법 §23①, 민사소송법 §134).

② 점유자 심문 : 법원이 채무자·소유자 외의 점유자를 상대로 인도명령을 하려면 그 점유자를 심문해야 한다. 다만, 그 점유자가 매수인에게 대항할 수 있는 권원에 의해 점유하고 있지 아니함이 명백한 때 또는 이미 그 점유자를 심문한 때에는 그러하지 아니하다(민사집행법 §136④). 심문해야 한다고 함은 심문의 기회를 주어야 한다는 뜻이며, 인도명령의 신청을 기각 또는 각하하는 경우에까지 심문을 요하는 것은 아니다.

재판

① 재판의 형식은 결정이지 소송법상 의미의 명령이 아니다(민사집행법 §136⑤). 법원은 인도명령의 사유가 소명되면 무담보·무보증으로 인도명령을 발한다. 인도명령 신청을 대금을 낸 뒤 6개월이 지난 뒤에 하는 등 부적법하면 신청을 각하할 것이고, 상대방이 매수인에게 대항할 수 있는 권원(예컨대 유치권)에 의해 점유하고 있음이 기록에 의해 명백하거나 상대방이 이 사실을 주장하고 소명한 때에는 이를 기각할 것이지만, 인도명령의 신청에 관한 재판에는 실체적 확정력(기판력)이 없으므로(대판 1981. 12. 8. 80다2821 참조) 각하와 기각을 엄격히 구별할 필요는 없다(대결 1960. 7. 21. 4293민항137 참조).

② 인도명령에서는 부동산의 인도만을 명할 수 있을 뿐, 그 밖의 작위나 부작위를 명할 수는 없다.

③ 매수인이 대금을 낸 뒤에 채무자로부터 민사집행법 49조의 집행정지 서면이 제출되더라도 매수인의 권리에 영향을 주지 못하므로 인도명령을 발하는 데 아무런 지장이 없다.

④ 인도명령 신청에 대한 재판은 그것이 인용하는 것이든, 기각하는 것이든 매수인의 소유권에 기한 인도 청구권의 존부에 관해 기판력이 생기는 것은 아니다(대판 1981. 12. 8. 80다2821). 따라서 매수인이 인도명령을 집행하는 절차에 있다 해도 이와 별도로 소로써 매각 부동산의 인도를 청구할 수 있다(대판 1971. 9. 28. 71다437).

불복 방법

즉시항고

인도명령의 신청에 관한 재판에 대해서는 즉시항고 할 수 있다(민사집행법 §136⑤). 인도명령은 집행 절차에 부수해 매수인으로 하여금 간이한 방법으로 부동산을 인도받을 수 있도록 하는 제도이므로 민사집행법상의 즉시항고에 관한 규정이 준용된다(대판 2004. 9. 13. 2004마505, 대결 2010. 7. 26. 2010마458). 매각 절차 자체에 존재하는 하자로 인도명령에 대해 불복할 수는 없다.

청구이의의 소

미확정의 인도명령에 대해서는 즉시항고를 제기해 다툴 수 있으나, 인도명령이 확정된 후에는 상대방은 실체상의 이유를 들어 청구이의의 소(민사집행법 §44)를 제기할 수 있다. 청구이의의 소는 인도명령의 집행이 종료되기 전까지만 제기할 수 있다.

제삼자 이의의 소

목적하는 부동산에 관해 소유권 등 인도를 방해하는 권리를 가진 제삼자는 제삼자 이의의 소(민사집행법 §48)를 제기할 수 있다.

집행 이의의 소

인도명령의 집행 자체에 존재하는 위법에 대해서는 집행에 관한 이의(민사집행법 §16)에 의해 다툴 수 있다.

[서식 예] 부동산 인도명령 신청서

부동산 인도명령 신청

신청인(매수인) ○○○(주민등록번호)
○○시 ○○구 ○○길 ○○(우편번호)
전화·휴대폰 번호 :
팩스 번호, 전자우편(e-mail) 주소 :
피신청인(채무자) ◇◇◇(주민등록번호)
○○시 ○○구 ○○길 ○○(우편번호)
전화·휴대폰 번호 :
팩스 번호, 전자우편(e-mail) 주소 :

신청취지

○○지방법원 20○○타경○○○○호 부동산 강제경매 사건에 관해 피신청인은 신청인에게 별지목록 기재 부동산을 인도하라.
라는 재판을 구합니다.

신청이유

1. 신청인은 ○○지방법원 20○○타경○○○○호 부동산 강제경매 사건의 경매 절차에서 별지목록 기재 부동산을 매수한 매수인으로서 20○○. ○. ○. 매각허가결정을 받았고, 20○○. ○○. ○. 에 매각대

금을 전부 납부해 소유권을 취득했습니다.

2. 그렇다면 이 경매사건의 채무자인 피신청인은 별지목록 기재 부동산을 신청인에게 인도해야 할 의무가 있음에도 불구하고 신청인의 별지목록 기재 부동산 인도청구에 응하지 않고 있습니다.

3. 따라서 신청인은 매각대금 납부로부터 6개월이 지나지 않았으므로 피신청인으로부터 별지목록 기재 부동산을 인도 받기 위해 이 사건 인도명령을 신청합니다.

첨부서류

1. 대금 납부확인서 1통
1. 송달료납부서 1통

20○○.○○.○○.

위 신청인(매수인) ○○○ (서명 또는 날인)

○○지방법원 귀중

[별 지]

부동산 표시

서울특별시 영등포구 ○○길 ○○, ○○동 대 ○,○○○ 평방미터

제5장

인도에서 사용까지

부동산을 어렵게 매수하고 인도를 받게 되면 법원을 통해서 할 수 있는 절차는 모두 종결되었다고 볼 수 있다. 그러나 부동산의 경우는 언제나 인접지와 접하고 있고, 소유자에 따라 활용도가 다를 수 있다. 그래서 인접지 소유자와의 다툼이나 용도의 변경으로 인한 시설물의 철거, 도로의 사용 문제 등이 발생할 수 있다. 이럴 때마다 당사자 간의 원만한 합의가 된다면 더없이 좋은 일이지만, 대부분은 그렇지 못한 경우가 많다.

이해당사자 간의 작은 분쟁도 합의가 안 되면 소송으로 이어진다는 것이다. 이 장에서는 경매로 취득한 부동산으로부터 발생하는 사소한 분쟁을 스스로 해결하기 위한 해결 방향을 제시했다.

나 홀로 소송

나 홀로 소송이 필요한 이유

특수물건의 해결책

소송사건 전체 중에서 나 홀로 소송은 70%를 차지한다. 경매로 취득한 부동산은 의외로 소송으로 이어지는 경우가 많다. 가령 법정지상권이 있는 토지를 매수한 경우 지료 청구 및 건물 등 철거소송, 유치권이 있는 부동산의 경우는 유치권 부존재 소송, 점유자가 명도를 거부할 경우 인도명령 이외에 인도 소송 등이 그것이다. 특히나 가짜 유치권자를 퇴출시키기 위해서는 부득이 소송으로 진행되는 수밖에 없다. 유치권을 주장하는 자는 오로지 점유로서 권리를 행사하기 때문에 매수인이 먼저 소송을 제기하지 않고는 해결이 어렵다. 그리고 지분경매의 경우도 공유자와 의견이 일치만 되면 더없이 좋지만, 공유물 사용의 경우에 모르는 사람들과 함께한다는 것은 쉬운 일이 아니다. 결국 매수인은 공유물분할 청구를 하든지, 분할을 위한 경매 신청을 하는 수밖에 없다. 따라서 경매로 취득한 부동산의 경우는 법정 다툼으로 이어지는 경우가 많다.

소액, 단순사건의 특수성

이와 같이 다툼의 대상이 된 사건 대부분은 소액이고 소송 자체가 단순하다면, 법정에 가서도 대부분 합의로 종결처리된다. 그렇다면 굳이 소송의 목적물 가치보다 더 많은 돈을 들여서 전문 대리인을 선임할 이유가 없다. 따라서 매수인이 직접 소송을 진행하는 방법을 익혀둘 것을 권하고 싶다.

사실관계를 기준으로 한 재판

무엇보다도 재판은 사실관계의 바탕 위에 추상적인 법률 규정을 적용시키는 것이다. 즉 법원의 판단이란, 당사자가 주장하는 구체적인 사실관계를 기준으로 그에 맞는 법적인 해결책을 찾아내고, 그 내용에 따른 의사표시를 함으로써 법률 효과를 일으키는 소송행위다. 그렇다면 사실관계를 가장 잘 알고 있는 당사자가 전문 소송대리인을 찾아간다고 사실관계가 달라지는 것은 아니다. 오히려 왜곡되는 경우가 많다.

따라서 당사자는 전문적인 법률 문제까지 알 필요도 없다. 오로지 억울한 점을 정확하게 거짓 없이 법원에 주장하고 입증하면 된다.

법정지상권의 경우

법정지상권 있는 토지를 낙찰받은 경우, 그 건물의 소유자는 해당 토지를 사용할 권리가 발생한다. 다만 그 사용에 대한 대가로 토지 소유자에게 지료를 지급해야 한다. 그 토지 소유자가 건물 소유자에 대한 지료는 얼마를 청구할 것이며, 건물 소유자는 얼마를 지급할 것인지에 합의가 되지 않는다면, 소송으로 가는 수밖에 없다. 이때의 토지 소유자는 토지 인도 및 지료 지급 청구의 소송을 제기할 것이고, 건물 소유자는 법정지상권을 주장하면서 지료의 적정금액을 주장할 것이다. 그렇게 되면 건물의 토지에 대한 법정지상권 문제는 건물 소유자가 입증할 문제지만, 지료에 대해서는 토지 소유자가 감정 등을 통해서 적정금액을 제시해야 한다.

따라서 토지 소유자는 법정지상권의 성립 여부와는 관계없이 건물의 철거 및 인도를 주장하면서 지료 청구를 하게 되면, 건물 소유자는 건물 유지를 위해 법정지상권을 주장할 것이고, 건물의 가치에 비해서 사용료 지급이 과하다면 건물을 포기할 것이다. 이는 법정지상권 있는 토지의 전형적인 해결 방안이라 할 수 있다.

유치권의 경우

유치권 있는 부동산을 낙찰받은 경우, 유치권자와 원만한 합의가 된다면 가장 좋지만, 유치권자의 과도한 금액 요구나 무리한 점유 등으로 합의가 되지 않는다면, 조용히 유치권 부존재 확인 청구의 소송을 제기하는 방안이 최선이다. 유치권 부존재 소송은 유치권자가 가짜임을 전제로 소송을 제기하는 것이다. 이때 상대방은 진정한 유치권자임을 주장하게 된다. 즉, 입증 책임이 유치권 주장자인 피고에게 있다. 이러한 경우의 소송이 법리상으로 어렵고 사실관계가 복잡한 소송이라고는 볼 수 없다. 그렇기에 충분히 나 홀로 소송을 진행할 수 있다는 것이다. 다만, 유치권 성립요건에 대해서는 정확한 지식이 있어야 한다.

공유지분의 경우

공유지분을 낙찰받은 경우, 미리부터 소송을 제기할 것을 준비해야 한다. 왜냐하면, 공유물의 전부나 일부를 어느 공유자나 다른 임차인이 사용하는 등의 경우, 기존의 공유자와는 합의가 이루어져야 한다. 이에 대한 합의가 성립되지 않으면 곧바로 분할 소송이나 지분에 따른 인도 청구나 사용료 청구의 대상이 되기 때문이다.

따라서 공유지분 입찰에 임할 경우, 분할 소송이나 지료 청구 등의 분쟁을 예상해야 한다. 그래서 분쟁의 예방 차원에서도 공유자에게 우선매수권을 부여하고 있는 이유이기도 하다.

대항요건 있는 임차권의 경우

대항력 있는 임차인의 명도는 배당금 확정 때까지

매각 부동산을 점유하고 있는 자가 임차인일 경우에 그 임차인의 정당한 점유 여부는 매각으로 밝혀지게 된다. 가령 대항요건이 있는 임차인이 보증금 배당요구를 적정 기일에 신청했을 경우, 그 보증금을 모두 우선 배당받을 권리가 있는 것이기 때문에 배당금 확정과 동시에 임차인은 명도할 의무가 발생한다. 그러나 배당금을 모두 받지 못하면 그 나머지 보증금을 다 받을 때까지는 집을 점유할 권한이 있게 된다. 따라서 매수인이 해당 보증금을 인수하는 수밖에 없다.

대항력 없는 임차인의 명도는 매각과 동시에

임차인이 대항요건을 갖추지 못하는 후순위 권리자일 경우에는 매수인에게 대항할 수가 없다. 그 임차인은 매각과 동시에 해당 주택을 매수인에게 인도할 의무가 있다. 그런데도 임차인이 인도를 거부하고 불법으로 점유하고 있다면 매수인으로서는 인도명령을 신청하고, 그래도 계속해서 버티게 되면 강제집행에 의할 수밖에 없다.

따라서 만약 인도명령 신청을 할 수 있는 6개월이라는 기회를 넘기면 인도 소송을 통해 해결할 수밖에 없다.

관리비 체납의 경우

공유면적의 관리비는 매수인 부담

집합건물이나 상가건물의 경우, 대부분이 관리비 미납 현상이 발생한다. 채무자는 해당 주택의 경매 여부를 가장 먼저 알게 되고, 경매에 들어간다는 사실을 알게 된 이후에는 관리비를 체납할 것이다. 이를 매수인이 인수하는 문제가 발생한다. 체납된 관리비가 많은 주택의 경우, 상당 정도 부담되는 금액일 수도 있다. 종종 매수인들이 관리비 체납에 대해 관리실과 마찰을 빚기도 하는데, 이는 공유면적에 해당하는 관리비와 전유면적에 해당하는 관리비를 구분하지 못하기 때문이다. 즉, 공유면적의 관리비는 매수인이 인수해야 하지만, 전유면적에 대한 관리비는 매수인이 경락 이후에만 부담하면 된다.

공유면적 관리비의 가산금은 제외

또한, 공유면적 관리비에 대한 가산금은 부담하지 않아도 된다.

전유 부분의 체납관리비 부담 시기

'전유 부분에 대한 관리비를 언제부터 부담하느냐?'는 논의의 대상이 된다. 즉, 낙찰대금을 기준으로 할 것인지, 아니면 대금 완납 시를 기준으로 할 것인지의 문제다. 판례는 경락일 기준으로 한다. 경락 기일을 기준으로 한다면 소유권이 넘어오지도 않은 상태이고, 사용하지도 않은 주택에 대한 관리비를 납부하는 현상이 발생한다. 그러나 대금 납부일을 기준으로 한다면 소유권이전과 동시에 관리비를 부담한다는 논리가 성립해서 재론의 여지가 없어 보인다. 이에 대한 논쟁을 대법원의 전원합의체 판결이 경락 시로 종식시켰다.

경락 시를 기준으로 한 이유

그런데 문제는 채무자인 소유자가 해당 부동산의 매각 사실을 알게 되면, 부동산의 관리사용 관계는 당연히 소홀하게 될 것이라는 데 있다. 그렇다고 매수인이 들어가서 관리를 할 수 있는 상태도 아니다. 물론 강제관리 제도가 있기는 하지만, 아파트 같은 구분 소유 형태의 부동산에 강제관리는 의미가 없다. 따라서 관리비 문제는 언제나 논쟁의 대상이 된다. 관리실과의 협의가 원만하게 진행이 되지 않으면 소송으로 이어질 수밖에 없게 된다는 것이다.

결국, 매수인의 전유면적에 대한 관리비 부담의 기준 시점은 대금완납을 전제로 경락 시를 기준으로 한다. 현실적으로는 아파트가 경매로 넘어가게 되면 관리사무실에서 미리 관리비 산정을 해놓고, 매수인과의 소통을 원활히 하는 경우가 대부분이다.

즉, 경락 허가결정을 받고는 즉시 관리실과 소유자 또는 임차인 등을 찾아서 원만한 해결책을 마련하는 것이 가장 좋은 방법이 될 것이다.

소가 산정

소송가액

소가(소송목적의 값)란 소송물, 즉 원고가 소로써 달성하려는 목적이 갖는 경제적 이익을 화폐단위로 평가한 금액을 말한다. 소가는 소송을 제기한 때를 기준으로 산정한다(민사소송 등 인지규칙 제7조). 어떤 종류의 소송을 제기할 것인지에 따라서 그 가액만큼을 소가라고 하고, 이를 기준으로 해서 비용을 산정한다. 경매로 인해 받은 목적물의 인도소송이나 철거 등의 소송을 할 경우에는 반드시 가액 산정을 해야 한다. 소송의 종류에 따라 소가가 산정되면 그에 따른 인지대와 송달료가 정해지고, 이를 소장 제출 시에 납부영수증과 함께 제출한다.

소의 종류

소가는 소의 종류에 따라 다르다. 경매 물건의 경우는 소송의 종류가 한정되어 있다. 가령 법정지상권은 경매로 인해 발생하는 권리이고,

건물 소유자와의 지료 합의가 되지 않으면, 소송으로 이어진다. 유치권 또한 마찬가지다. 공유지분도 새로운 공유지분권자가 발생함으로 인해 공유물의 분할이나 사용료 내지 명도의 문제를 달고 다닌다고도 할 수 있다.

따라서 이러한 경우에 당사자와 합의가 되지 않을 경우에는 결국 소송으로 이어진다는 것이다. 이때 소송의 종류를 정하지 않을 수 없다. 건물 철거 청구의 소나 지료 청구의 소, 그리고 유치권 부존재 청구의 소 등이 그러하다.

소가와 비용

소가는 소송의 종류나 권리의 종류 등에 따라 그 산정하는 방법이 다르기에 일률적으로 정할 수가 없다.

비용 또한 소송목적의 가액을 기준으로 인지대와 송달료 등을 정한다. 이는 원고가 소로써 주장하는 이익을 기준으로 계산해서 정한다. 그 값을 정할 수 없는 경우는 '민사소송 등 인지법'으로 정한 규정에 따른다(민사소송 등 인지 법 제26조). 그리고 소의 종류에 따라 그 기본양식은 대한법률구조공단 홈페이지에서 출력할 수 있다.

● 소송의 대상인 소송물의 가액 산정 방법

소송의 대상이 권리인 경우

권리의 종류	소가
소유권(민사소송 등 인지규칙 제10조 제1항)	물건가액
점유권(민사소송 등 인지규칙 제10조 제2항)	물건가액의 3분의 1
지상권 또는 임차권 (민사소송 등 인지규칙 제10조 제3항)	물건가액의 2분의 1
지역권(민사소송 등 인지규칙 제10조 제4항)	승역지(편익을 제공하는 토지) 가액의 3분의 1
담보물권(민사소송 등 인지규칙 제10조 제5항)	피담보채권의 원본액(물건가액이 한도) ※ 근저당권의 경우 : 채권최고액
전세권(민사소송 등 인지규칙 제10조 제6항)	전세금액(물건가액의 한도 내)

소송의 종류에 따른 경우
(소가를 산정할 수 있는 경우와 산정할 수 없는 비재산권상의 소송)

소송의 종류	소가
확인의 소(민사소송 등 인지규칙 제12조 제1호)	물건 및 권리의 종류에 따라 결정
증서진부확인의 소 (민사소송 등 인지규칙 제12조 제2호)	유가증권 : 액면금액의 2분의 1 기타 증권 : 200,000원
금전지급청구의 소 (민사소송 등 인지규칙 제12조 제3호)	청구금액(이자는 불산입)
정기금청구의 소 (기간 미확정)(민사소송 등 인지규칙 제12조 제4호)	기발생분 및 1년분의 정기금 합산액
물건의 인도·명도 또는 방해배제를 구하는 소 (민사소송 등 인지규칙 제12조 제5호)	소유권 : 목적물건가액의 2분의 1
	지상권·전세권·임차권·담보물권 : 목적물건가액의 2분의 1
	계약의 해지·해제·계약기간의 만료를 원인으로 하는 경우 : 목적물건가액의 2분의 1
	점유권 : 목적물건가액의 3분의 1
	소유권의 이전을 목적으로 하는 계약에 기한 동산인도청구 : 목적물건의 가액
상린관계상의 청구 (민사소송 등 인지규칙 제12조 제6호)	부담을 받는 이웃 토지 부분의 가액의 3분의 1

소송의 종류	소가
공유물분할 청구의 소 (민사소송 등 인지규칙 제12조제7호)	목적물건가액에 원고의 공유 지분 비율을 곱해 산출한 가액의 3분의 1
경계확정의 소 (민사소송 등 인지규칙 제12조 제8호)	다툼이 있는 범위의 토지 부분의 가액
사해행위취소의 소 (민사소송 등 인지규칙 제12조 제9호)	취소되는 법률행위 목적의 가액을 한도로 한 원고의 채권액
기간 미확정의 정기금판결과 변경의 소 (민사소송 등 인지규칙 제12조 제10호)	소송으로 증액 또는 감액을 구하는 부분의 1년간 합산액
명예회복을 위한 처분 청구의 소 (민사소송 등 인지규칙 제14조)	처분에 통상 소요되는 비용을 산출할 수 있는 경우 : 그 비용
	처분에 소요되는 비용을 산출할 수 없는 경우 : 5,000만 원(비재산권에 관한 소)
무체재산권에 관한 소 (민사소송 등 인지규칙 제18조)	금전의 지급이나 물건의 인도를 목적으로 하지 않는 소 : 1억 원
소가를 산출할 수 없는 재산권상의 소 및 비재산권상의 소(민사소송 등 인지규칙 제18조의 2)	5,000만 원 단, 회사관계소송, 소비자단체소송, 특허소송 등은 1억 원

등기·등록 등 절차에 관한 경우

등기·등록의 종류	절차의 이행을 구하는 소의 소가
소유권이전등기 (민사소송 등 인지규칙 제13조 제1항 제1호)	물건가액
제한물권의 설정등기 또는 이전등기 (민사소송 등 인지규칙 제13조 제1항 제2호)	지상권 또는 임차권 : 물건가액의 2분의 1
	담보물권 또는 전세권 : 피담보채권액(물건가액이 한도) ※ 근저당권의 경우 : 채권최고액
	지역권 : 승역지 가액의 3분의 1
가등기 또는 그에 기한 본등기 (민사소송 등 인지규칙 제13조 제1항 제3호)	권리의 종류(소유권, 전세권 등)에 따른 가액의 2분의 1
말소등기 또는 말소회복등기 (민사소송 등 인지규칙 제13조 제1항 제4호)	설정계약 또는 양도계약의 해지나 해제에 기한 경우 : 등기의 종류(소유권, 전세권 설정·이전등기 등)에 따른 가액
	등기원인의 무효 또는 취소에 기한 경우 : 등기의 종류(소유권, 전세권 설정·이전등기 등)에 따른 가액의 2분의 1
등기의 인수를 구하는 소 (민사소송 등 인지규칙 제13조 제2항)	물건가액의 10분의 1

● 소송물 가액에 따른 인지대 산정 방법

법원에서의 소송 절차 또는 비송사건 절차는 원칙적으로 '민사소송 등 인지법'이 정하는 인지를 붙여야 한다. 이 인지는 소송가액에 따라 금액에 차이가 있다.

◇ 소송가액 1,000만 원 미만인 경우, 인지대 계산

소송가액(소송으로 피고에게 받고자 하는 금액)이 1,000만 원 미만인 경우 인지대 = 소송가액 × 0.0050이다.

가령 소송가액이 500만 원인 경우에는 (500만 원 × 0.0050) = 2만 5,000원의 인지대를 납부해야 한다.

◇ 소송가액 1,000만 원 이상, 2,000만 원 이하인 경우의 인지대 계산

소송가액이 1,000만 원 이상, 2,000만 원 이하인 경우는,

소송가액 × 0.0045 + 5,000

가령 소송가액이 1,500만 원 인 경우에는,

(1,500만 원 × 0.0045 + 5,000) = 7만 2,500원의 인지대를 납부해야 한다.

● 소송물 가액에 따른 송달료 산정 방법

송달료 계산

송달료는 법원에서 소송 관련 서류를 송달하는 데 들어가는 일종의 우편요금을 말한다. 소송물의 차이에 따라 송달료를 달리한다. 가령 소액사건의 경우에는 소장 접수 시 당사자 수 × 10회에 해당하는 송

달료를 납부해야 한다.

송달료는 1회에 5,200원이다(2022년 기준). 따라서 원고와 피고가 각 1명인 경우에는 소액사건 접수 시 납부해야 할 송달료는 2 × 5,200원 × 10회분 = 104,000원이 된다.

● 소송비용 자동 계산 방법

소송비용은 통상 인지대와 송달료를 말하고, 그 외 변호사 선임비용이나 소송 진행 중에 들어가는 감정료나 증인 여비 등은 별도의 비용으로 산정된다. 소송을 제기할 때 들어가는 인지대와 송달료는 표준화된 비용이기에 대한법률구조공단 홈페이지에 들어가면 다음과 같이 자동 계산되는 방법을 활용할 수 있다.

대한법률구조공단의 소송비용 자동 계산

- 법률문제 전반(민사・가사, 형사, 행정 등)에 대한 법률상담은 모두 무료입니다.
- 공단에서는 기준 중위소득 125% 이하의 국민은 민·가사 사건 등에 대하여 대법원이 정한 변호사보수의 약 42%에 해당하는 보수와 인지대 등 실비만 받고 소송구조를 실시하고 있습니다. 그리고 사회적 관심과 배려가 필요한 농·어업인, 기초생활보장수급자, 장애인 등에 대하여는 출연기관과의 협약을 통하여 소송비용 전부 또는 변호사보수를 무료로 소송대리 등 법률적 지원을 하고 있으며, 형사사건은 무료로 변호해 드립니다.

기준 중위소득 125% 이하 판단기준

소송비용 계산

본안사건 인지 및 송달료 계산	보전사건 비용계산	경매신청 비용계산

본안사건 인지 및 송달료 계산

소송물가액(청구금액)	원
종류	○ 소장 ○ 항소장 ○ 상고장 ○ 지급명령 ○ 조정신청
원고(채권자,신청자)	명
피고(채무자,피신청자)	명
전자소송 진행여부	○ 예 ● 아니오

※ 변호사를 선임한 경우의 인원수는 1명으로, 대표자를 당사자로 선정한 경우의 인원수는 선정당사자 수를 기재하시기 바랍니다.

계산하기 초기화

출처 : 대한법률구조공단 홈페이지

관할

관할은 소송의 종류에 따라 다를 수도 있고, 소송물의 가액에 따라 구분할 수도 있다. 그러나 여기서는 토지관할과 전속관할에 대해서만 정확하게 구분하고자 한다.

토지관할에는 보통재판적과 특별재판적, 그리고 관련재판적이 있다. 보통재판적은 피고의 마지막 주소지의 법원을 기준으로 한다. 그리고 특별재판적은 근무지의 사무소나 부동산이 있는 곳 등이다. 그 외 관련재판적은 원고가 여러 개의 청구를 병합해서 소를 제기할 경우, 수소법원에서 그중에서 하나의 청구에 관해 관할권을 가지는 것이다.

전속관할의 경우는 공익상의 요구에 따라 법률로서 특정한 법원에만 관할권을 인정하는 경우다. 가사소송이나 회생사건 독촉절차 등 다수가 있다. 이러한 전속관할이 아닌 경우는 모두 임의관할이다. 임의관할은 당사자 간에 합의로 관할을 정할 수 있다.

따라서 전문 지식이 부족한 나 홀로 소송의 경우에 원고는 토지관할을 기준으로 소를 제기하되, 전속관할에 해당되지 않는다면 수소법원에서 그 관할을 결정한다고 볼 수 있는 문제다.

당사자 능력

당사자 능력이란 판결 효과의 귀속 주체가 될 수 있는 자격을 말한다. 즉, 소송의 주체가 될 수 있는 일반적·인격적인 능력을 말한다. 나 홀로 소송에서 당사자 능력 문제는 상대방을 피고로 특정하는 문제다. 가령 토지를 낙찰받은 매수인이 해당 토지의 점유자와 소유자가 다른 경우에 토지 인도 소송에서 토지의 소유자를 할 것인지, 아니면 토지의 현실적인 점유자를 상대로 할 것인지의 문제다. 토지의 소유자 A씨가 자신의 토지를 B씨에게 임대한 경우에 경락받은 매수인 甲은 B에 대해서는 토지의 인도를 구하고, A에 대해서는 인도까지의 지료 등을 구하는 방법을 할 수 있다고 할 것이다.

진행 절차

소송의 진행은 원고가 소장을 제출하고 나면 그 수소법원에서 배당하고 피고에게 소장부본을 발송한다. 소장부본을 받은 피고는 그 답변서를 받고, 30일 이내에 법원에 제출하도록 하고 있다. 원고는 답변서를 받아보고, 그 내용에 따라 반박의 답변을 하거나 입증할 의무가 발생한다.

따라서 소송에서는 원칙적으로 입증의 책임이 원고에게 있다. 그래서 소를 제기할 경우, 미리 입증자료를 준비하는 것이 가장 중요하다고 볼 수 있다. 가령 경락받고 대금 완납 영수증이나 소유권이전등기가 된 등기사항전부증명서 등 소가 산정을 위해서 공시가격이 표시된 토지대장등본이나 건축물 관리대장등본 등은 필수적인 자료가 된다. 물론 불법점유나 토지 등의 인도를 청구하는 소송의 경우에 상대방을 특정할 만한 자료 또한 당연히 증거자료가 될 것이다. 이러한 자료의 제출은 진행 과정에 따라 준비서면과 증거 신청 등을 통해 실체적 진실을 밝힐 문제다.

집행 단계

부동산을 경락받은 매수인이 특별히 소송으로 이어지는 다양한 형태가 있다고 할 수 있지만, 대부분 소송은 그 방향만 정확하게 진행한다면 승소 판결은 무난할 것으로 본다. 그런데 그러한 판결을 받고도 집행 단계에서 곤란을 겪는 경우를 종종 본다. 가령 명도소송에서 명도를 받을 부분이 점유자의 점유 부분과 정확하지 않다거나 명도받을 부분을 잘못 특정한 경우는 집행이 불가능할 수도 있다. 이러한 경우는 다시 소송을 해야 하는 번거로움과 비용이 배가 된다.

따라서 집행 단계에서 차질이 없도록 소송 진행 중에 여러 차례 도면과 현황 확인을 거쳐야 한다.

소송비용 납부와 소장제출

소송비용이 확정되면 인지대와 송달료를 계산해서 납부영수증을 작성하고, 법원 제출용 납부서를 첨부해서 소장을 관할 법원에 제출한다. 소장을 우편으로 제출하고, 접수증을 받지 못한 경우에는 송달료 납부영수증에 적힌 송달번호 10자리 숫자로 신한은행 간편조회에 들어가면 법원에 접수된 사건번호를 확인할 수가 있다. 사건번호가 확인되면, 대법원 나의 사건번호 사이트에 입력 저장해놓고, 재판심리 절차나 소송 진행 상황 등을 살펴볼 수 있다.

소송의 기술

소장의 작성

민사소송에서 가장 중요한 것은 소장에 기재된 청구취지다. 청구취지는 원고가 소로써 바라는 권리보호의 형식과 법률효과를 적은 소의 결론 부분이다. 청구취지는 명확하고 간결하게, 그리고 구체적으로 특정되어야 한다. 청구취지는 결국 판결의 주문으로 이어지고, 청구취지와 달리 주문을 내릴 수는 없기 때문이다. 그리고 청구취지는 소가의 산정이나 사물관할, 그리고 소송비용의 분담이나 시효중단의 범위 등을 정하는 표준이 된다.

그다음 소장에 기재해야 할 내용은 청구원인이다. 청구원인은 청구취지를 보충해 소송물을 특정하기에 필요한 사실관계를 말한다. 가령 청구취지를 설명하는 일시와 장소나 당사자와의 관계 등을 설명하는 정도가 되어야 한다. 즉, 청구취지와 같은 소송을 제기하게 된 이유를 설명하고 이를 뒷받침하는 것이다.

직권조사와 보정명령

민사소송에서는 반드시 기재해야 하는 기본적인 사항이 있다. 가령 상대방의 인적 사항이나 관할, 그리고 청구취지와 원인의 구체성 등이 그것이다. 이러한 내용은 법원의 직권조사사항으로 구체성이 결여된 경우는 보정을 명한다. 가령 상대방의 주소가 불분명하거나 특정되지 않으면, 법원의 보정명령에 따라 그 흠결을 보정해야 한다.

입증의 책임

소송은 증거재판이다. 증거가 없으면 아무리 억울한 일이라도 그 누구도 도와줄 수가 없다. 그래서 재판에서 가장 중요한 것은 증거 제출의 책임, 즉 입증 책임이 어느 쪽에 있느냐는 승패를 가르는 중요한 문제가 된다. 가령 A가 B를 상대로 대여금 청구의 소를 제기한 경우, 당연히 원고인 A가 입증의 책임을 지게 된다. 그런데 B가 A로부터 돈을 빌린 사실은 있지만, 그 일부를 변제했다고 주장할 경우, 변제에 대한 입증의 책임은 B가 부담한다.

따라서 입증의 책임이 있는 쪽에서 그 입증을 하지 못하면 패소할 수밖에 없다. 반대로 입증해야 하는 문제를 객관적이고, 합리적인 증거로 제시할 경우는 이를 기초로 법원이 판단하게 된다.

준비서면

준비서면은 원고, 피고가 법정에서 말하고자 하는 사실상의 내용이나 법률상의 요지를 적은 서면을 말한다. 이러한 준비서면을 통해 상대방의 공격이나 방어에 대한 주장을 간결한 문장으로 분명하게 해야 한다.

석명 요청

석명이란, 법원이 소송의 한 당사자에게 복잡한 소송관계를 분명히 하고자 질문하고, 증명을 촉구하는 법원의 권리다. 결국 석명권은 법원의 소송지휘에 의한 것이고, 당사자 간의 소송자료 수집에 협력하는 의미를 갖는다. 이러한 석명권은 본인 소송(나 홀로 소송)제도에서 출발한 것이다.

따라서 본인 소송의 경우에는 법원의 적극적인 석명이 필요하다고 한다. 석명권은 법원이 판결의 기초를 위해 당사자 간의 주장하는 사실관계와 법률상의 쟁점 사항들을 정리하고자 하는 것이고, 실질적인 당사자평등을 보장하는 제도의 하나다. 이러한 석명권은 어느 한 당사자의 요청에 따라 법원이 상대방에게 석명권을 행할 수 있다.

나 홀로 소송에서 당사자는 석명 요청의 기회를 잘 살릴 필요성이 있다고 하겠다.

제6장

권리분석 I - 말소되는 권리, 인수되는 권리

지금까지는 부동산 경매를 취득하기 위한 기본적인 방법과 취득하고 난 이후의 여러 가지의 문제점들을 살펴보고, 그에 따른 해결책을 제시했다. 6장부터 10장까지는 입찰 이전 법원에 공시된 부동산에 대해 좀 더 정확히 권리분석을 하는 방법을 제시하고자 한다.

말소기준 권리 찾기

등기사항전부증명서로 확인

부동산 경매에서는 권리분석이 가장 중요하다. 경매로 나온 물건은 '물건'에 대한 매도인의 담보책임은 인정하지 않고, '권리'의 하자에 대해서만 매도인의 담보책임을 인정하기 때문이다. 따라서 부동산 경매에서는 권리관계의 분석이 매우 중요하다. 그런데 그 권리분석은 부동산에 대한 것이기에 당연히 등기로 인해서 그 권리관계를 확인할 수밖에 없다.

등기되지 않은 권리의 확인

등기되지 않은 권리에 대해서는 별도의 권리분석이 필요하다. 말소기준 권리는 등기된 권리만을 의미한다. 따라서 등기되지 않은 권리는 말소기준 권리가 될 수 없다. 대신 등기된 권리에 대해서는 철저한 분석이 필요하다. 즉 등기된 권리 중에서 경매로 인해서 말소되는 권리가 무엇이며, 말소되지 않는 권리가 어떤 권리인지를 가려내는 절차가 필요하다는 것이다.

말소되는 권리

금전채권의 등기

경매로 인해 말소되는 권리는 금전채권을 근거로 한 권리다.

- 압류
- 가압류
- 담보가등기
- (근) 저당권
- 배당요구한 전세권

이와 같은 권리는 금전채권을 목적으로 하는 등기다. 경매 부동산의 등기부상에는 소유권과 담보권 설정등기 및 압류, 가압류, 등기 등이 있고 가처분, 가등기, 그리고 용익물권 등기 등이 기재되어 있다. 이 중에서 담보권 설정등기와 압류·가압류등기에 대해서는 경매와 동시에 말소되는 권리다. 이를 '소멸주의'라고 한다. 이는 모두 금전채권을 목적으로 등기된 권리다. 부동산 경매 자체가 금전채권을 충족하기 위한 채권자의 집행 신청이기 때문이다. 따라서 부동산 경매로 말소되는 권리는 금전을 목적으로 하는 권리임을 알 수 있다.

압류

부동산 경매에서 압류등기는 어떠한 경우에도 모두 말소한다. 압류등기는 2가지의 시점에서 등기가 이루어진다. 압류채권은 세금이나 공과금 등이 체납된 경우에 국세청(각 지방의 세무서에 위임)이나 지방자치단체, 그리고 국민연금공단이나 건강보험공단 또는 근로복지공단 등에서 채무자의 부동산이 경매에 들어간다는 통지를 받고, 체납된 세금을 압류하는 경우가 그 첫 번째 경우다. 그다음은 채무자의 부동산을 국세청이나 지자체 등에서 적극적으로 찾아서 먼저 압류등기를 한 경우다. 어떠한 경우라도 매수인이 인수하는 경우는 없다. 다만 세금 등 압류 대상이 된 채권의 법정 납부기일이 근저당권 설정 등기나 앞선 가압류등기보다 빠른 경우는 등기 순위와 관계없이 먼저 배당받는다는 것이다. 이는 배당의 문제이지, 매수인의 인수와는 무관하다고 하겠다. 따라서 부동산 경매에서 압류등기는 순위와 관계없이 말소의 대상이다.

가압류

가압류는 말소되는 등기다. 금전채권을 목적으로 하는 등기이기 때문이다. 다만 선순위 가압류가 된 상태에서 소유권이 이전되고, 다시 이전받은 양수인의 소유가 된 상태에서 경매가 진행된 경우, 그 가압류등기는 매수인이 인수할 수도 있고, 말소될 수도 있다. 즉 법원의 판단에 따라 선순위의 가압류를 매수인이 인수하는 경우는 특별조건에 해당해 '선순위 가압류 매수인 인수'라고 공시하고 있다.

담보물권

담보물권은 말소된다. 담보물권이란 부동산을 담보로 금전을 대여한 경우의 권리다. 이는 담보가등기와 근저당, 그리고 전세권자의 보증금 등이 있다. 이러한 권리는 경매로 인해 모두 말소된다. 설사 배당에서 채권을 만족하지 못한다고 하더라도 말소된다. 담보 당시에 이러한 위험을 감수하고 설정한 것이기 때문이다. 전세권도 후순위의 경우는 말소된다. 전세권자의 보증금도 담보로서의 성질을 지니기 때문이다. 따라서 담보물권은 경매로 인해 당연히 말소된다.

인수되는 권리
용익물권

경매로 인해서 소멸되는 권리가 아닌, 인수되는 권리는 금전채권에 근거를 두지 않고 목적물 자체를 피보전 권리로 하는 경우와 선순위의 용익물권이다.

- 선순위 전세권자가 배당요구 없는 경우
- 선순위 용익물권(지상권, 지역권, 전세권)

전세권

선순위 용익물권 중에는 전세권자가 보증금 배당요구를 신청하지 않은 경우다. 즉, 선순위 전세권자가 배당요구를 하지 않은 경우는 소유권의 변경과 관계없이 전세권이 유지가 된다는 의미다. 따라서 선순위 전세권자가 배당요구를 하지 않은 경우는 소멸하지 않고, 매수인에게 인수되어, 추후 매수인이 전세보증금을 반환해줘야 한다.

지상권

선순위 지상권자는 소멸하지 않고, 매수인에게 인수되는 권리다. 즉, 지상권은 타인의 토지에 건물 기타공작물이나 수목을 소유하기 위해 그 토지를 사용하는 권리로(민법 제279조) 타인 토지를 사용하는 용익물권으로서 경매로 매수인에게 인수되는 권리다. 다만, 근저당권자가 근저당등기를 하면서 지상권 등기와 동시에 등기된 경우, 이때는 경매와 동시에 근저당권 등기를 말소하면서 선순위 지상권 등기도 말소한다. 근저당권 설정 등기가 소멸하는데 선순위라고 하더라도 존재의 의미가 없어지기 때문에 말소된다. 이때 말소되는 선순위 지상권 등기를 '담보 지상권'이라고 한다. 이러한 담보 지상권인지, 아닌지를 확인하는 것은 근저당권 설정 등기와 동일 날짜에 된 것인지, 또 동일 채권자인지를 확인하면 쉽게 알 수 있다. 즉, 동일한 채권자이고 근저당권 설정 등기와 같은 일자에 등기된 지상권이면 소멸되는 담보 지상권이다.

따라서 선순위 지상권은 인수되는 것을 원칙으로 한다. 그러나 예외적으로 후순위 근저당권 설정 등기와 동시에 설정된 지상권 등기는 그 근저당권 설정 등기와 동시에 말소된다.

지역권

선순위 지역권은 매수인에게 인수된다. 용익물권으로서 지역권 설정등기는 승역지의 을구 사항에 지역권 설정등기를 한다. 여기서 지역권이란 토지의 소유자가 일정한 목적을 위해 타인의 토지를 자기의 토지의 편익에 이용하는 권리다(민법 제291조). 이러한 지역권 설정등기를 할 경우, 요역지의 부동산의 등기용지 중 을구 사항에 승역지의 부동산 표시를 하고, 그 부동산이 지역권의 목적인 취지와 범위를 기재한다. 만약 요역지와 승역지의 토지 관할 등기소가 다른 경우에는 승역지 관할 등기소에 신청하면 그 등기소에서 요역지관할 등기소로 지체 없이 지역권 등기 사실(승역지, 요역지, 지역권 설정 목적과 범위, 신청서 접수연월일 등)을 통지한다.

따라서 지역권 설정등기는 그 지역권이 있는 승역지 부동산이 경매로 인해 매각될 경우에 승역지에 등기된 선순위 지역권은 매수인에게 인수된다는 것이다.

인수되는 권리

보전권리와 예고등기

- 선순위 가처분
- 선순위 매매 가등기
- 예고등기

가처분

비금전 채권

비금전 채권을 피보전권리로 하는 등기는 배당에서 제외된다. 그래서 매수인이 인수한다. 그렇다면 금전을 목적으로 하지 않는 권리인 가처분등기나 매매예약 가등기, 예고등기, 지역권이나 지상권 등은 원칙적으로 말소되는 등기가 아니다. 왜냐하면, 가처분등기나 매매예약 가등기 등은 목적물의 처분을 금지하거나 목적물 그 자체를 요구하기 위한 등기행위이기 때문이다. 따라서 금전을 목적으로 하지 않는 채권은 선순위일 경우에 말소되지 않는다.

용익물권

선순위 용익물권은 원칙적으로 말소되지 않는다. 다만 근저당권을 설정하면서 선순위로 하는 지상권 등기는 담보 지상권이라고 해서 담보권 소멸과 동시에 말소된다.

후순위로 말소되지 않는 권리

경매 부동산에 대한 소유권의 다툼

말소되는 권리는 말소기준 권리 이후의 권리는 모두 소멸된다. 다만 예외로 후순위 등기인 가처분등기가 말소되지 아니하는 경우가 있다. 해당 부동산의 소유권이전청구권 등기의 무효를 주장하면서 하는 가처분등기는 말소기준등기보다 후순위라도 말소되지 않고 매수인에게 인수된다고 할 수 있다. 그 이유는 소유권의 무효를 주장하는 피보전 권리의 가처분은 본인의 소송에서 가처분 권리자가 본안의 소에서 승소하면 해당 부동산이 매수인에게 넘어갔다고 하더라도 판결에 따라 원상회복될 수밖에 없기 때문이다.

경매 부동산에 대한 근저당권 설정등기의 다툼

가령 말소기준등기인 근저당권 설정등기를 무효라고 하면서 가처분등기를 하고 본안의 소송에서 승소하게 된다면, 해당 근저당권 등기는 무효가 되어 말소를 면할 수 없다. 그 근저당권 등기에 의한 경매는 무효가 되고, 경매로 취득한 매수인의 권리 역시 무효가 되기 때문이다. 소유권의 경우와 마찬가지다.

경매 대상 부동산에 대한 명도 내지 철거 다툼

가처분의 대상이 된 건물의 철거 및 명도나 토지의 인도 등도 마찬가지다. 건물의 철거 등을 요구하면서 본안의 소송을 제기하는 경우, 본안의 소송에서 가처분권리자가 승소하면 매수인은 해당 건물을 소유한다고 하더라도 의미가 없기 때문이다.

소유권이전청구권 보전의 가등기

가등기는 2가지 성질의 가등기가 있다. 담보가등기와 청구권 보전의 가등기가 그것이다. 담보가등기는 말소되는 말소기준등기이고, 소유권이전청구권 보전의 가등기는 매수인이 인수하는 가등기다. 이러한 청구권 보전의 가등기는 부동산의 매수인으로서 잔금 납부 이전에 매도인이 제삼자에게 또다시 이중매매를 할 수 없도록 사전에 등기를 하는 보전의 등기다. 이러한 청구권 보전의 가등기는 소유권뿐만 아니라, 전세권, 지상권, 지역권, 전세권, 저당권, 임차권, 권리질권 등의 이전, 설정, 변경 또는 소멸의 청구권을 보전하고자 할 때도 그러하다. 따라서 이러한 소유권이전 등 청구권 보전을 위한 선순위가등기는 경매로 인해 소멸하지 않고, 매수인에게 인수된다.

예고등기

예고등기는 순위와 관계없이 인수된다. 예고등기는 소유권등기 원인의 무효 또는 취소로 인한 등기의 말소 또는 회복의 소송을 제기하는 경우, 그 수소법원의 촉탁에 의해서 하는 등기를 말한다. 이는 본안의 소송 결과가 어떻게 되느냐에 따라 예고등기의 말소 여부가 결정되기 때문에 경매와는 무관하게 매수인에게 인수되는 등기다.

따라서 예고등기는 순위와 무관하게 무조건 매수인에게 인수된다. 이러한 예고등기는 1960년에 도입되었다가 2011년 10월 등기제도의 개정으로 폐지되었다. 그런데 폐지 전에 등기된 예고등기는 종전의 규정에 따르도록 했기 때문에 경매 물건에 등기된 경우가 종종 있어 주의를 요하는 등기다.

인수되는 권리

법정지상권

- 법정지상권
- 분묘기지권
- 관습법상 법정지상권
- 구분지상권

민법 제366조의 규정에 따른 법정지상권 인수

법정지상권은 매수인이 인수한다. 법정지상권은 지상권과도 구별된다. 지상권은 약정에 의한 토지 사용권을 전부 사용·수익할 목적으로 하는 권리다. 이러한 지상권은 지료의 지급이 필수적인 요소가 아니다. 그렇기에 무상의 경우도 성립한다. 그리고 존속기간에서는 상한이 없다. 그러나 법정지상권은 민법 제366조에 규정한 법정 권리로서 약정이 아닌 경매로 인해 발생하고, 당사자에 의해 지료 청구권이 발생한다.

따라서 경매로 취득한 토지의 소유자는 건물 소유자에 대해 지상권을 설정한 것으로 본다. 그렇게 되면 건물에 대한 철거 등의 권리가 없어지고, 토지를 건물 소유자가 법으로 사용할 수 있다는 것이다.

법정지상권의 성립요건

① **저당권 설정 당시에 토지상에 건물이 존재해야 한다. 만약 건물이 완성된 상태가 아니라고 하더라도 최소한 매수인이 매각대금을 납부할 당시까지는 기둥과 주벽, 그리고 지붕을 갖추어야 한다**(대판2004다13533).

② **설정 당시 토지와 건물의 소유자가 동일인이어야 한다**(대판 2009다62059).

③ **저당권의 실행으로**(임의경매) **토지와 건물의 소유자가 다르게 되어야 한다**(대판2010다52140).

④ **이렇게 되면 소유권이 성립한 때에 건물의 소유자는 토지의 사용권한을 갖고 지료를 지급해야 한다.**

특수한 지상권

타인의 토지를 이용하는 지상권 중에서도 특수한 지상권은 분묘기지권과 관습법상의 법정지상권, 그리고 구분지상권이다. 이를 살펴보자.

분묘기지권

부동산 경매에서 분묘는 등기된 물건이 아니고, 토지에 정착된 하나의 권리로서 매수인이 인수한다. 다만 분묘기지권이 없는 분묘의 경우는 매수인이 인수하지 않고, 분묘의 소유자를 상대로 분묘의 이장을 청구할 수 있다. 다만, 분묘의 소유자를 모르는 무연고의 분묘에 대해서는 일정한 절차를 거쳐 철거를 할 수 있다(장사 등에 관한 법률 제27조 이하 참조).

따라서 분묘의 경우는 분묘기지권이 있느냐 없느냐에 따라 매수인의 인수 여부가 결정된다.

분묘기지권 성립요건

- 타인의 토지에 승낙을 받고 분묘를 설치
- 타인의 토지에 분묘를 설치할 때 승낙 없이 20년간 평온·공연하게 지난 경우
- 자신의 토지에 분묘를 설치하고 토지만 양도하면서, 분묘 이장의 특약이 없는 경우

이 중, 마지막 경우가 경매에서 가장 많이 발생하는 분묘기지권이다.

분묘기지권에 대한 지료

분묘기지권이 발생하면 토지를 사용할 수 있는 권리가 발생한다. 이 권리는 관습법상의 권리로서 토지의 소유자에 대해 지료를 지급할 의무가 발생하지는 않는다. 그러나 당사자 간의 합의로 지료를 지급

하는 것은 별개의 문제다. 이 점이 법정지상권 발생 시에 지료를 지급해야 하는 것과 차이가 난다. 그런데 최근의 판결에 따라 분묘기지권 있는 분묘에 대해서도 지료 청구를 주장하면 그때부터 지급할 의무가 발생하는 것으로 했다.

따라서 무상의 분묘기지권은 존재하지 않는다. 이러한 현상에 따라 최근 분묘 있는 임야의 낙찰가가 상승하고 있다. 낙찰받은 매수인은 분묘 소유자에 대해 지료 청구를 하게 되면 이장 내지 지료를 지급하는 선택을 하게 된다는 것이다.

분묘기지권에 대한 최근 판례

타인 소유의 토지에 분묘를 설치한 경우에 20년간 평온, 공연하게 그 분묘의 기지를 점유하면 지상권과 유사한 관습상의 물권인 분묘기지권을 시효로 취득한다는 점은 오랜 세월 동안 지속되어온 관습 또는 관행으로서 법적 규범으로 승인되어왔고, 이러한 법적 규범이 장사법(법률 제6158호) 시행일인 2001년 1월 13일 이전에 설치된 분묘에 관해 현재까지 유지되고 있다고 보아야 한다(대법원 2017. 1. 19. 선고 2013다17292 전원합의체 판결[분묘철거 등]). 따라서 2001년 1월 13일 이후에 설치된 분묘는 시효취득에 의한 분묘기지권을 인정하지 않는다.

관습법상의 법정지상권

관습법상의 법정지상권은 지상권과 권리관계는 동일하다. 다만 성립요건에서 차이가 난다. 그 성립요건은 다음과 같다.

① 처분 당시에 토지, 건물의 소유자가 동일인이여야 한다.

② 강제경매, 공매, 상속, 교환, 증여, 매매 등으로 소유자가 다르게 되어야 한다.

③ 소유자가 분리될 당시에 당사자 간에 건물의 철거에 대한 특약이 없어야 한다.

관습법상의 법정지상권은 성립요건만 다를 뿐, 법정지상권과 그 나머지 권리관계는 동일하다. 따라서 경매 사이트 등에는 관습법상의 법정지상권을 단순한 법정지상권으로 분류해서 처리하고 있다. 왜냐하면, 경매로 나온 부동산에서는 법정지상권이나 관습법상의 법정지상권이나 차이를 둘 이유가 없기 때문이다.

구분지상권

구분지상권은 민법 제289조의 2 제1항에 규정하고 있다. 이는 지하 또는 지상의 공간은 상하의 범위를 정해 건물 기타공작물을 소유하기 위한 지상권을 목적으로 할 수 있다. 이 경우 설정행위로서 지상권의 행사를 위해 토지의 사용을 제한할 수 있다고 규정되어 있다. 이러한 구분지상권의 성립요건은 다음과 같다.

구분지상권 성립요건

① 약정에 의한 권리로서 등기해야 한다.

② 건물이나 공작물에만 해당 된다. 따라서 수목을 위한 지상권은

제외된다.

③ 선(線)하지 소유자와 한국전력공사 간의 철탑 등의 설치가 대표적이다.

④ 구분지상권은 토지의 일정 공간만을 사용한다. 그래서 토지 소유자와 구분지상권자가 함께 사용권자가 되고, 토지 소유자의 토지 사용을 전면적으로 사용할 수 없도록 하는 특약이 가능은 하지만, 이는 일반지상권에 의한다.

따라서 경매 부동산에 구분지상권이 있는 물건을 매수한 매수인은 그 구분지상권을 매수인이 인수한다.

법정지상권이 성립되는 경우와 성립되지 않는 경우의 판례

법정지상권이 성립되는 경우의 사례

항목	주요 내용	판결 요지	판례
낙찰 전에 건물이 제삼자에게 양도된 경우	저당설정 당시에 같은 소유자의 건물이 존재하였으나, 토지가 낙찰되기 전에 건물이 제삼자에게 양도된 경우에, 건물을 양수한 제삼자가 법정지상권을 취득하는가?	법정지상권은 건물이 철거되는 것 같은 사회·경제적 손실을 방지하려는 '공익상 이유'에 근거하고, 또 저당권자 또는 저당 설정자에게 '불측의 손해'가 생기지 않으므로 법정지상권의 취득을 인정한다. 다만 양수인은 이전등기를 마쳐야 한다(전원합의체 2002다9660). 따라서 이전등기를 할 수 없는 무허가 미등기건물을 매매로 양수한 경우는 법정지상권을 취득할 수 없게 된다.	1999. 11. 23 99다 52602호 판결

항목	주요 내용	판결 요지	판례
건물 철거의 특약이 없는 경우	토지와 건물이 동일한 소유자에 속했다가 토지 또는 건물이 매매 기타의 원인으로 인하여 양자의 소유자가 다르게 된 때에, 토지의 소유자는 그 건물의 철거를 구할 수 있는가?	당사자 간에 그 건물을 철거한다는 조건이 없는 이상 건물 소유자는 토지 소유자에 대하여 그 건물을 위한 관습상의 법정지상권을 취득하므로, 토지 소유자는 건물의 철거를 청구할 수 없다.	1984. 9. 11 83다카 2245호 판결
저당권 설정 없는 토지와 건물이 경락으로 소유자가 다르게 된 경우	토지나 건물이 어느 쪽에도 저당권이 설정되지 않은 경우에, 강제경매로 토지, 건물의 소유자가 다르게 되면 법정지상권이 성립하는가?	민법 제366조의 법정지상권은 성립하지 않으나, 토지와 건물이 동일인의 소유에 속하고 있다가 건물을 철거한다는 특약이 없는 매매 기타원인(경락의 경우 포함)으로 소유자가 다르게 된 때에는 관습상의 법정지상권이 성립한다.	1997. 1. 21 96다 40080호 판결
법정지상권 성립 후에 토지가 양도된 경우	법정지상권이 있는 토지의 소유권이 이전된 경우에, 법정지상권을 취득한 자는 토지의 전득자에게 법정지상권을 주장할 수 있는가?	건물의 경락인은 법률 규정에 의하여 지상권설정 등기 없이 법정지상권을 취득하기 때문에 토지의 전득자에게 법정지상권을 주장할 수 있다. 법정 지상권자는 토지 소유자에 대한 지상권등기를 청구할 수 있다.	1989. 5. 9 88다카 15338호 판결
건물의 양도와 법정지상권의 소멸 여부	법정지상권자가 지상권설정 등기 없이 건물을 양도하면 법정지상권은 소멸하는가?	법정지상권을 취득한 건물 소유자가 건물을 양도한 경우, 그 건물을 철거하기로 하는 합의가 있었다는 등 특별한 사정이 없는 한 건물과 함께 지상권도 양도하기로 하는 채권계약이 있는 것으로 보아 지상권자는 건물의 양수인에 대하여 지상권 설정등기를 한 후, 이의 양도등기절차를 이행하여 줄 의무를 부담하므로 법정지상권이 소멸한다고 볼 수 없다.	1981. 9. 8 80다 2873호 판결

항목	주요 내용	판결 요지	판례
법정지상권 있는 건물이 경락된 경우	법정지상권을 취득한 자로부터 경매에 의하여 건물의 소유권을 이전받은 경락인이 그 법정지상권을 취득하는가?	건물 소유를 위하여 관습법상 법정지상권을 취득한 자로부터 경매에 의하여 그 건물의 소유권을 이전받은 경락인은, 경락 후 건물을 철거한다는 등의 매각 조건하에서 경매되는 경우 등 특별한 사정이 없는 한 건물의 경락취득과 함께 위 지상권도 당연히 취득한다.	1996. 4. 26 95다 52864호 판결

법정지상권이 성립되지 않는 경우의 사례 [표 10]

항목	주요 내용	판결 요지	판례
공동저당권 설정 후 건물을 신축한 경우	동일인 소유의 토지와 그 지상건물에 관하여 공동저당권이 설정된 후 그 건물이 철거되고 다른 건물이 신축된 경우, 저당물의 경매로 인하여 토지와 신축건물이 서로 다른 소유자에게 속하게 되면 민법 제366조 소정의 법정지상권이 성립하는가?	건물이 철거된 후 신축된 건물에 토지와 동순위의 공동저당권이 설정되지 아니하였는데도 그 신축건물을 위한 법정지상권이 성립한다고 해석하게 되면, 공동저당권자가 법정지상권이 성립하는 신축건물의 교환가치를 취득할 수 없게 되는 결과 법정지상권의 가액 상당 가치를 되찾을 길이 막혀 위와 같이 당초 나대지로서의 토지의 교환가치 전체를 기대하여 담보를 취득한 공동저당권자에게 불측의 손해를 입게 하기 때문이다.	2003. 12. 18 선고 98다43601 전원합의체 판결
저당 설정 후 건물을 신축한 경우	지상건물이 없는 토지에 근저당설정 당시 근저당권자가 건물의 건축에 동의한 경우 법정지상권이 성립하는가?	건물이 없는 토지에 저당권이 설정될 당시 근저당권자가 토지 소유자에 의한 건물의 건축에 동의하였다고 하더라도 그러한 사정은 주관적이라, 공시할 수도 없어 토지 낙찰자가 알 수 없기 때문에 법정지상권이 성립하지 않는다.	2003. 9. 5 2003다260 51호 판결

항목	주요 내용	판결 요지	판례
저당설정 당시에 토지와 건물의 소유자가 다른 경우	저당권설정 당시에 토지와 건물이 각각 다른 자의 소유에 속하는 경우에도, 법정지상권이 성립하는가?	소유자의 동일성은 법정지상권의 성립요건이므로, 법정지상권이 생기지 않는다. 이 경우는 이미 용익권이 설정되어 있다.	1995. 5. 23 93다 47318 호 판결
토지의 사용 승낙을 받고 건물을 신축한 경우	토지의 소유자로부터 토지 사용승낙을 받아 건물을 신축하고 그에 대한 경작료를 납부한 경우에, 건물의 소유자는 관습상의 법정지상권을 취득하는가?	관습상의 법정지상권은 토지와 건물이 같은 소유자에 속하였다가 매매 기타 원인으로 그 소유자가 다르게 된 때에 성립하는 것이므로, 이 경우에는 관습상의 법정지상권이 성립할 여지가 없다. 따라서 그에 기한 건물의 매수청구권도 발생하지 아니한다.	1990. 10. 30 90다카260 03호 판결
토지 매도 후 철거를 예상하면서 건물을 신축한 경우	토지의 소유자가 건물을 건축할 당시 이미 토지를 타에 매도하여 소유권을 이전하여 줄 의무를 부담하고 있는 경우에, 그 건물을 위한 관습상의 법정지상권이 성립하는가?	토지의 매수인이 그 건축행위를 승낙하지 않은 이상 건물이 장차 철거될 것임을 예상하면서 건축한 것이므로, 그 건물을 위한 관습상의 법정지상권은 생기지 않는다.	1942. 12. 22 94다41072 호, 41089호 판결
법정지상권을 취득한 자가 임대차계약을 체결한 경우	대지에 대한 관습상의 법정지상권을 취득한 자가, 대지 소유자와 동 대지에 대하여 임대차계약을 체결한 경우에, 관습상의 법정지상권은 포기한 것으로 보는가?	관습상의 법정지상권자와 대지 소유자가 임대차계약을 체결하였다면, 특별한 사정이 없는 한 관습상의 법정지상권은 포기하였다고 볼 것이다.	1992. 10. 27 92다3984호 판결
지료의 결정 없이 지료를 연체한 경우	법정지상권자에 대한 지료가 결정된 바 없어도 지료 지급을 2년 이상 연체하면, 토지 소유자는 지상권 소멸 청구를 할 수 있는가?	법정지상권에 관한 지료가 결정된 바 없다면, 지상권자가 지료를 지급하지 아니하였다고 하더라도 지료 지급을 지체한 것으로 볼 수 없으므로, 2년 이상 지료를 지급하지 아니하였음을 이유로 하는 토지 소유자의 지상권 소멸청구는 그 이유가 없다(지상권의 소멸을 주장하지 못한다는 의미).	2001. 3. 13 99다17142호 판결

인수되는 권리
유치권

민법 제321조 규정에 따른 유치권의 불가분성

유치권은 매수인이 인수한다. 유치권을 매수인이 인수한다는 것은 유치권자가 갖는 채권을 인수한다는 것이 아니라 유치권자의 점유상태를 인수한다는 것이다. 다만, 유치권자가 점유하는 목적물을 매수인이 사용 수익을 위해서는 점유가 수반되어야 하는바, 이를 위해서는 매수인이 유치권자가 요구한 채권 등의 요구사항에 응하는 수밖에 없다. 유치권자의 채무자에 대한 채권을 지급하는 형식으로 하고, 점유권을 가져온다는 것이다.

따라서 유치권자는 매수인에 대한 채권이 존재하는 것은 아니라고 하더라도, 목적물 자체를 점유할 권리가 있기 때문에 매수인에게 대항할 수 있다는 것이다. 그래서 매수인은 유치권의 인수를 부담스러워하게 된다. 이러한 맹점을 알고 이용하는 가짜 유치권이 등장한다. 이하에서는 유치권의 성립요건을 알아본다.

유치권의 성립요건

목적물의 정당한 점유의 계속성

유치권자는 채무자의 목적물을 정당하게 계속 점유함으로써 발생하는 법정담보물권이다.

유치권자의 채권은 목적물로부터 발생된 채권-견련성

채권의 존재는 목적물로부터 발생된 채권이라야 한다. 즉 목적물과 채권은 상호 견련관계가 있어야 한다.

채권은 변제기에 있어야 한다

유치권자의 채권은 변제기에 이르러야 한다.

견련성과 점유에 관한 유치권 성립 여부

유치권 성립 여부 사례

항목	내용	성립	근거규정
견련성	공사대금(하수급인)채권, 공사대금 지연손해금 채권	○	
	임차보증금, 상가권리금	×	
	건물 신축 위한 사전공사대금	×	
	설계, 감리용역대금	×	
	부속물매수대금, 대여금, 매매대금채권	×	대법 77다115
	압류 전 공사개시 압류 후 공사 완공	×	

항목	내용	성립	근거규정
견련성	터파기, 흙막이 공사 전체 건축공사 일부로 견련성 부정	×	광주고법 2010나448
	물품대금채권(레미콘대금)으로 견련성 부정	×	광주고법 2010나2553
	자재납품대금은 견련성 인정	○	대구고법 2005나4643
	명의신탁자의 명의수탁자에 대한 부당이득반환청구권	×	대법 2008다34828
	분담금채권, 관리비, 등록세, 등기비용	○	서울중앙 2009 가합49365
	철거공사대금으로 토지 매수인에 대항 불가	×	대구고법 2011나819
	조경공사, 포장공사, 싱크대 등 주방시설, 신발장	×	
점유	건축공사대금으로 건물 부지 유치권 행사	×	대법 2007마98
	신축건물 공정 기초공사(흙파기 공사)에 불과한 경우	×	대법 2013다2474
	타인 부동산 점유	○	민법 제320조
	채무자를 통한 간접 점유	×	대법 2007다27236

유치권의 효력

대항력

유치권은 매수인에게 인수되는 권리다. 즉 유치권자는 제삼자에게 대항력이 있다. 그래서 매수인에게 점유권을 주장할 수 있다.

사용수익권이 없다

유치권자는 목적물을 사용할 권한이 없다. 점유하면서 목적물을 사용한 만큼 부당이득이 되어 매수인에게 반환되어야 한다.

점유권만 있다

유치권자의 채권은 채무자에 대한 것이다. 그래서 매수인에게 청구할 권리는 없다. 다만, 유치물을 점유함으로써 대항력이 생길 뿐이다.

유치권자는 경매 청구권이 있다

유치권은 담보물권으로서 피담보채권을 근거로 목적물을 경매 신청할 수 있는 권리다.

우선변제권이 없다

유치권자는 법정담보물권이지만, 우선변제권은 없다. 다만 점유로 인해 우선변제력은 있을 뿐이다. 따라서 유치권자는 우변제권자는 아니지만, 간이 변제 충당권이 있어서 목적물을 정당한 요건에 따라 채권의 변제에 충당할 수 있다.

유치권자가 배당받을 수 없는 이유

유치권자는 우선변제권이 없기에 배당채권자가 아니다. 대항력 있는 유치권자라도 마찬가지다. 특히나 대항력 없는 유치권자는 배당기일에서 당연히 배제된다. 배당받을 수 있는 채권자는 민사집행법 제148조에 의해 다음과 같다.

1. 배당요구의 종기까지 경매 신청을 한 압류채권자
2. 배당요구종기일까지 배당요구를 한 채권자

3. 첫 경매개시결정등기 전에 등기된 가압류 채권자

4. 저당권·전세권, 그 밖의 우선변제청구권으로서 첫 경매개시결정 등기 전에 등기되었고, 매각으로 소멸하는 것을 가진 채권자

따라서 유치권자는 위의 1, 3은 해당이 아니고, 오로지 2의 경우가 배당채권자가 될 수 있다. 그런데 2는 배당요구종기일까지 배당요구를 할 수 있는 채권자로서 '집행력 있는 정본을 가진 채권자', 경매개시결정등기된 뒤에 가압류를 한 채권자, 민법·상법, 그 밖의 법률에 따라 우선변제 청구권이 있는 채권자여야 된다고 규정하고 있다(민사집행법 제88조 제1항). 따라서 유치권자는 그 진위를 떠나서 배당받을 채권자는 아니다.

유치권자는 이해관계인인가?

유치권자로 신고를 해도 당연히 경매 절차상의 이해관계인이 될 수는 없다. 민사집행법 제90조는, 이해관계인에 대해 규정하고 있다.

1. 압류채권자와 집행력 있는 정본에 의하여 배당을 요구한 채권자

2. 채무자 및 소유자

3. 등기부에 기입된 부동산 위의 권리자

4. 부동산 위의 권리자로서 그 권리를 증명하는 사람이 이해관계인이 될 수 있다

따라서 유치권자가 이해관계인이 되기 위해서는 위 4에 해당될 수는 있다. 점유자이기 때문이다. 그러나 권리를 법원으로부터 증명해야 한다. 그 증명이란 목적물 점유 사실과 채권의 견련성 등인데, 법원이 엄격한 증명을 요구하지는 않는다고 하더라도 그 증명은 매각허가결정이 있기 전까지는 해야 한다. 이것이 부족하면 이해관계인에서 배제시킨다. 결국 유치권자가 이해관계인에 들어가기 위해서는 쉽지 않은 일이고, 배당에서도 제외될 수밖에 없게 된다는 것이다.

가장 유치권의 퇴치법

유치권 신고

유치권의 신고는 어디까지나 자유다. 그 유치권자의 채권이 있거나 없거나 자유다. 신고만으로는 허위 신고라도 법적인 책임이 따르지 않는다는 의미다. 그러나 이를 소송에 의해 적극적으로 다투게 되면 소송 사기가 될 경우가 있다(대판 2012. 11. 15., 2012도9603). 그렇기에 가장 유치권자를 찾아내는 것은 어렵기도 하지만, 이러한 소송에서 다투게 되면 그 허상이 밝혀진다는 점을 활용해야 한다.

유치권 처리 방안

매수인은 유치권 있는 물건을 낙찰받고 잔금을 납부한 경우는 제일 먼저 유치권 부존재 소송이나 존재 확인의 청구를 제기해 그 결과에 따라 인도명령을 신청해야 한다. 그렇지 않으면 엄청난 비용과 시간이 낭비되는 결과를 초래한다. 유치권 부존재 소송을 제기하면 유치권자가 그 진위 여부에 따라 소송에 응할 것인지를 결정할 것이다. 이때 가짜 유치권자가 소송에 적극적으로 대응하게 되면 소송 사기가 된다는 것이고, 소송에 응하지 않으면 쉽게 해결된다는 의미다. 이러한 절차 없이 곧바로 인도명령을 신청하면 인도명령이 기각을 받을 수 있다. 유치권자가 점유하는 물건에 대해서는 집행법원이 인도명령의 결정을 내리지 않기 때문이다.

유치권 신고의 경우

유치권의 신고는 언제까지 해야 된다는 규정이 없다. 그래서 법원에서는 유치권자의 유치권 신고가 있게 되면, 다음과 같이 절차를 진행한다.

① 유치권자 등에게 점유개시시기와 피담보채권액을 소명하도록 한다.

② 유치권자가 신고를 매각기일 이전에 하게 되면 매각물건명세서의 작성에서 유치권 신고가 있으나 그 성립 여부는 불분명하다는 내용을 기재하고 매각을 진행한다.

③ 매각기일부터 매각결정기일까지 신고되면 유치권이 성립할 여지가 전혀 없다는 점이 명백하면 매각물건명세서에 유치권이 성립하지 않는다고 기재해야 한다. 그렇지 않다면(유치권 성립 여부가 명

백하지 않는데도 기재하지 않는다면) 매각물건명세서 작성에 중대한 흠이 있는 것으로 보아서 매각을 불허하고 새 매각을 한다(민사집행법 121조 5호).

④ 매각허가결정일부터 허가 확정 사이에 접수되면, 최고가 매수신고인으로부터 매각허가에 대한 이의 신청(민사집행법 121조 6호) 또는 즉시항고(민사집행법 129조)를 받아서 매각허가결정을 취소하고, 새 매각을 한다.

⑤ 매각허가결정 확정 이후 대금 지급 사이에 신고를 하면, 매각허가결정의 취소 신청(민사집행법 127조 1항)을 받아서 매각허가결정을 취소하고 새 매각을 한다.

⑥ 대금 지급 시부터 배당 사이에 접수되면, 최고가 매수신고인이 민법 제 575조 제1항에 따른 담보책임을 추궁하는 경우에만 매각허가결정을 취소한다.

허위 유치권에 대한 대처 방안

매수인이 허위 유치권임을 알게 되면 민·형사상의 조치를 할 필요가 있다. 왜냐하면 유치권 행사의 채권이 엄청나게 많을 경우뿐 아니라, 목적물을 인도받을 때까지는 상당 정도 시일이 걸리기 때문이다.

① 허위 유치권 신고는 입찰가를 저감시키는 등 공정한 경매를 방해하는 행위가 되기 때문에 형법 제315조에 해당하는 범죄행위가 된다. 이에 대한 처벌은 2년 이하의 징역 또는 700만 원 이하

의 벌금에 처벌받게 된다.

② 허위 유치권 신고는 허위의 채권증서나 하도급계약서를 작성한 것에 해당한다. 이는 형법 제231조 사문서위조 및 동 행사 죄에 해당한다. 이에 대한 처벌은 5년 이하의 징역 또는 1,000만 원 이하의 벌금에 처벌받게 된다.

③ 또한 매수인의 출입을 막는 경우는 형법 제314조에 해당하는 업무방해죄가 된다. 그 처벌은 5년 이하의 징역 또는 1,500만 원 이하의 벌금에 처해지게 된다.

제7장

권리분석 II - 말소 또는 인수되는 권리

이 장에서는 권리의 성질에 따라 매각으로 말소도 되고, 인수도 될 수 있는 권리를 기술한다.

가등기

담보가등기와 청구권 보전을 위한 가등기

가등기의 경우는 2가지의 종류가 있다. 담보가등기와 청구권 보전을 위한 가등기가 그것이다. 담보가등기의 경우는 피담보채권을 전제로 가등기가 된 권리이고, 청구권 보전을 위한 가등기의 경우는 매매를 목적으로 잔금 지급 이전에 하는 등기다. 전자는 경매로 인해 순위와 관계없이 말소되는 권리이고, 후자는 경매로 인해 말소되는 권리가 아니다. 다만 후자인 청구권 보전을 위한 가등기가 후순위인 경우는 말소가 된다. 따라서 가등기는 그 종류에 따라서 소멸 여부가 결정된다.

매매예약 가등기

청구권 보전을 위한 가등기의 경우에도 등기부상으로만 매매예약이라고 표시할 뿐, 그 외에 어떠한 구체적인 내용을 알 수 있는 방법이 없다. 그래서 실상은 금전채권을 담보하기 위한 담보가등기를 해야 하지만, 매매예약을 위한 가등기를 하고 부동산을 취득하고자 하는 채권자가 있게 된다. 이는 매매예약을 위한 가등기의 강력한 효력을 악용하는 사례다. 즉 담보가등기의 경우는 순위와 무관하게 말소되지만, 청구권 보전을 위한 매매예약의 가등기가 선순위이면, 매수인이 인수해야 하기 때문이다.

법원의 실무

실무에서는 이와 같은 폐단을 방지하고자 법원이 가등기에 대해서는 일괄적으로 가등기 권리자에게 채권액을 신고하도록 통보하고 있다. 이때 가등기 권리자는 매매예약을 위한 가등기 권리자이든 담보가등기 권리자이든 채권금액 신고를 요구받고, 매매계약을 위한 가등기 권리자이면 채권을 신고하지 않을 것이고, 담보가등기권자이면 채권 신고로 배당을 받으면 된다는 취지다.

따라서 가등기의 경우는 법원에서 일괄적으로 채권 신고의 통지를 하기 때문에 그 종류를 입찰자로서 알고자 하지 않아도 된다.

가처분

앞서 기술한 바와 같이 순위에 관계없이 인수되는 가처분은 소유권 및 1순위 근저당권 등기의 무효를 목적으로 하고 본안의 소송을 제기하면서 가처분등기를 한 경우와 건물 명도 및 철거, 그리고 토지 인도 등을 목적으로 하는 소송을 제기하면서 그 목적물에 가처분등기를 하는 경우다. 따라서 가처분은 그 가처분의 목적이 무엇인지를 보고 권리분석을 해야 한다.

후순위 가처분이 인수되는 경우

다음의 자료는 7번 후순위 가처분이 매각 대상 물건인 건물 철거를 요구하는 소송 중인 사건이다. 이때의 가처분등기는 순위에 관계없이 매수인이 인수한다.

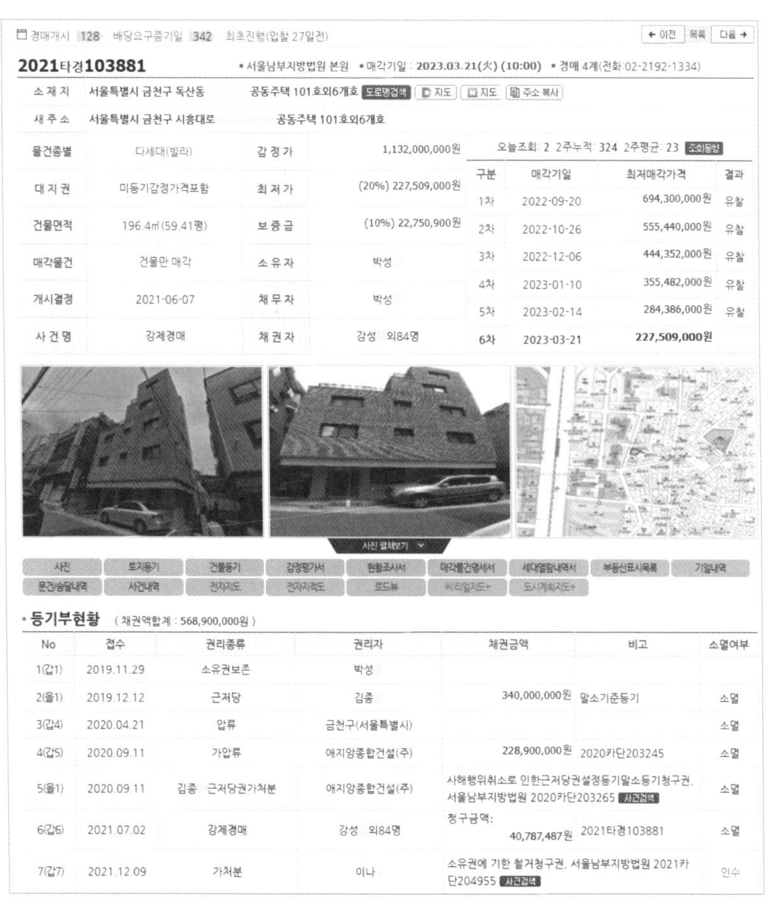

경매개시 128 배당요구종기일 342 최초진행(입찰 27일전)

← 이전 목록 다음 →

2021타경103881 • 서울남부지방법원 본원 • 매각기일 : 2023.03.21(火) (10:00) • 경매 4계(전화:02-2192-1334)

소 재 지	서울특별시 금천구 독산동 공동주택 101호외6개호
새 주 소	서울특별시 금천구 시흥대로 공동주택 101호외6개호

물건종별	다세대(빌라)	감 정 가	1,132,000,000원
대 지 권	미등기감정가격포함	최 저 가	(20%) 227,509,000원
건물면적	196.4㎡(59.41평)	보 증 금	(10%) 22,750,900원
매각물건	건물만 매각	소 유 자	박성
개시결정	2021-06-07	채 무 자	박성
사 건 명	강제경매	채 권 자	강성 외84명

오늘조회: 2 2주누적: 324 2주평균: 23 조회동향

구분	매각기일	최저매각가격	결과
1차	2022-09-20	694,300,000원	유찰
2차	2022-10-26	555,440,000원	유찰
3차	2022-12-06	444,352,000원	유찰
4차	2023-01-10	355,482,000원	유찰
5차	2023-02-14	284,386,000원	유찰
6차	**2023-03-21**	**227,509,000원**	

사진 펼쳐보기

사진 토지등기 건물등기 감정평가서 현황조사서 매각물건명세서 세대열람내역서 부동산표시목록 기일내역 문건/송달내역 사건내역 전자지도 전자지적도 로드뷰 씨리얼지도+ 도시계획지도+

• **등기부현황** (채권액합계 : 568,900,000원)

No	접수	권리종류	권리자	채권금액	비고	소멸여부
1(갑1)	2019.11.29	소유권보존	박성			
2(을1)	2019.12.12	근저당	김종	340,000,000원	말소기준등기	소멸
3(갑4)	2020.04.21	압류	금천구(서울특별시)			소멸
4(갑5)	2020.09.11	가압류	애지앙종합건설(주)	228,900,000원	2020카단203245	소멸
5(을1)	2020.09.11	김종 근저당권가처분	애지앙종합건설(주)	사해행위취소로 인한근저당권설정등기말소등기청구권, 서울남부지방법원 2020카단203265 사건검색		소멸
6(갑6)	2021.07.02	강제경매	강성 외84명	청구금액: 40,787,487원	2021타경103881	소멸
7(갑7)	2021.12.09	가처분	이나	소유권에 기한 철거청구권, 서울남부지방법원 2021카단204955 사건검색		인수

출처 : 옥션원(이하 경매 자료 동일)

가압류, 가처분, 그리고 가등기

가압류와 가처분, 그리고 가등기의 비교

<table>
<tr><th>구분</th><th>가압류</th><th>가처분</th><th colspan="2">기등기</th></tr>
<tr><td>청구의 목적</td><td>금전채권</td><td>다툼의 대상물</td><td colspan="2">소유권이전 내지 담보목적</td></tr>
<tr><td>권리이행</td><td>경매</td><td>판결 내지 경매</td><td colspan="2"></td></tr>
<tr><td rowspan="2">말소기준등기</td><td rowspan="2">○</td><td rowspan="2">×</td><td>담보가등기</td><td>○</td></tr>
<tr><td>소유권이전</td><td>×</td></tr>
<tr><td>대상</td><td>채무자의 일반 재산</td><td>특정물건, 권리</td><td colspan="2">부동산</td></tr>
<tr><td>소멸시효기간</td><td colspan="2">2005년 7월 28일부터 현재 3년
2002년 7월 1일~2005년 7월 27일까지 5년
2002년 6월 30일까지 10년</td><td colspan="2">10년</td></tr>
</table>

● 시효중단의 사유(민법 제168조 1호)

1. 청구

청구는 재판상 청구(대판1979. 2.1 3. 78다1500 · 1501)**와 파산절차의 참가, 지급명령, 화해를 위한 소환, 임의 출석, 최고 등을 말한다.**

2. **압류 또는 가압류, 가처분**
3. **승인**

채권자나 채무자가(승인) 위의 행위를 함으로써 진행되던 소멸시효가 중단되기 때문에 그때까지 진행된 시효는 산입하지 않는다(민법 제178조). 중단 사유가 종료되면, 이때로부터 다시 시효가 진행하게 된다. 그리고 가압류, 가처분 또는 압류집행을 하고 3년간 본안의 소송을 하지 않으면 시효로 소멸된다(민사집행법 제288조 제1항).

담보 가압류

선순위 가압류등기 후 제삼자에 이전되어 경매된 경우

선순위 가압류의 담보물권성

선순위로 가압류등기가 되고 그 상태에서 소유권이 이전이 되어서 경매가 된 경우에 그 가압류등기는 가압류의 청구금액의 범위 내에서 가장 먼저 배당을 받고, 그 나머지를 배당한다. 이를 '담보 가압류'라고 한다. 따라서 민사집행법은 미담보가압류채권 전액을 먼저 배당하고 말소할 것을 원칙으로 하는 소멸주의에 의하고 있다(대판 2003다40637; 2006다19986; 2005다8682).

선순위 가압류의 인수

예외적으로 선순위 가압류가 있는 상태에서 제삼자에게 이전등기가 되어 제삼자의 채권자가 경매를 신청한 경우, 선순위 가압류등기를 매수인이 인수하는 경우도 있다. 즉 이러한 경우에 무조건 우선 배당으로 말소되는 것이 아니라, 매수인에게 따라가는 인수주의를 취한다. 그런데 이러한 경우에는 가압류등기 후의 매수인인 제삼자 명의의 소유권이전등기는 말소의 대상이 되지만, 가압류 당시의 채무자인 최초의 소유자는 말소 대상이 아니다(대판 2005다8682).

따라서 선순위 가압류등기가 된 상태에서 제삼자에 이전등기가 되어 그 제삼자 취득자의 채권자가 경매를 신청한 경우에 선행 가압류를 매수인이 인수하는 것을 전제로 경매를 진행시켰기 때문이다. 그렇다면 이러한 선행 가압류의 말소와 인수를 어떤 방법으로 할 것인지를 공시한 내용을 살펴야 한다.

전세권

전세권은 물권이면서도 용익물권의 성질을 지닌다. 그리고 용익물권임과 동시에 담보물권의 성질도 지닌다. 왜냐하면 전세권의 요소가 타인의 부동산에 대한 보증금의 지급이 그 성립 요소이기 때문이다(민법 제303조). 그렇기에 보증금은 전세권 등기에 필요한 기재사항이다. 따라서 부동산이 아니거나 보증금을 지급하지 않고 지료만 지급하거나 등기를 하지 않는 경우는 임대차에 불과하다. 현실적으로 행해지고 있는 등기 없이 보증금을 지급하고 임료가 없는 부동산의 사용계약은 채권적 전세권이라 하고, 강학상의 권리라고 한다. 현실적으로 마련한 보호책이 임대차보호법이라는 특별법이다.

전세권은 용익물권과 담보물권의 성질을 동시에 갖고 있기 때문에 경매에 들어간 목적물에 대한 전세권자가 전세보증금의 배당을 요구한 경우는 용익물권을 포기한 것이 된다. 따라서 담보물권의 성질만을 갖는다. 그때, 전세보증금의 일부라도 배당받지 못하면 나머지 잔여 채권에 대해서는 무담보 채권으로 남게 된다. 이는 전세권 설정자에게 청구할 수 있을 뿐이다. 따라서 이러한 경우는 전세권자가 선순위이면 배당요구를 할 것인지에 대해 고민해야 한다.

제8장

권리분석 Ⅲ - 임차권

임차권은 채권이고, 용익권으로 민법상 계약의 일종이다. 임차권은 차임을 지급할 것을 약정할 뿐 보증금에 대해서는 필수 요소가 아니다. 그러나 현실적으로는 임대인이 월세를 담보받기 위해서 보증금을 미리 받는 것이 관행이 되었다. 보증금이 있다고 하더라도 등기 등 공시의 방법이 없기에 이를 보장받을 길은 없다. 그래서 1981년 3월 5일에 주택임대차보호법이 제정되었고, 그 후 상가건물임대차보호법이라는 특별법이 2002년 11월 1일에 제정된 것이다. 이 특별법에 의해 보증금을 보호하기 위한 공시 방법으로 대항요건과 우선변제권이라는 제도를 만들었다.

민법상의 임대차

민법에 규정된 임대차는 채권으로서 당사자 일방이 목적물을 사용, 수익하게 할 것을 약정하고, 상대방이 이에 대해 차임을 지급할 것을 약정함으로써 성립하는 계약의 일종이다. 임차권은 권리분석에서 중요한 지위를 차지한다. 채권으로서 대항력을 인정하는 경우가 있고, 인정되지 않는 경우가 있기 때문이다. 게다가 등기되지 않는 임차권은 그 대항력 여부를 명백하게 알 수 없다. 따라서 임차권은 원칙적으로는 대항력이 없다. 그러나 예외로 등기하거나 주택, 상가 등의 임대차의 경우는 그 대항력을 인정한다. 이러한 채권을 등기할 수는 있지만, 등기한다고 물권으로 되는 것은 아니다. 따라서 부동산을 임차한 임차인은 임대인에 대해 목적 부동산을 등기절차에 협력할 것을 청구할 수 있다. 이 등기를 하게 되면 제삼자에 대항력이 발생한다(민법 제621조 제2항).

따라서 등기된 임차권은 경매에 있어서 말소기준등기를 기준으로 그 전후에 따라 말소, 또는 인수 여부 관계가 결정된다. 그렇다면 민법에 따라 등기된 임차권의 대항력 여부에 대해서는 다음의 몇 가지에 주의할 필요가 있다.

채권

임차권은 계약에 따라 성립하는 채권이지만, 물건을 지배해 사용, 수익하는 것을 정당화한다는 점에서 물권인 용익물권과 다르지 않다. 그러나 어디까지나 채권인 만큼 제삼자에 대해서는 대항력이 없다는 점이 원칙이다. 즉 임차인은 선의, 악의를 불문하고 목적물의 새로운 소유자의 반환청구권에 대항할 수 없다. 이를 '매매는 임대차를 깨트린다'(대판 77다115)는 법언이 이를 증명하고 있다.

부동산 임차권의 대항력

부동산 임대차의 경우도 제삼자에 대항력을 인정하지 않는다면 임차인의 지위가 불안정하고, 사회적 비용이 크게 발생할 수 있다. 예컨대 건물의 소유자가 건물을 임대한 후, 다시 그 건물을 제삼자에 양도한 경우, 양수인이 건물 반환을 요구한다면 임차인의 지위는 불측의 손해를 보게 된다. 이에 대비해서 부동산의 경우에는 임차권의 대항력을 별도로 인정하고 있고, 주택임대차보호법이 만들어졌으며, 부동산 임차권의 등기권을 인정하고 있다(부동산 등기법 제3조). 이를 '부동산 임차권의 물권화 경향'이라고 한다. 즉 부동산 임차인에게도 채권적 청구권의 등기청구권이 인정되고, 등기된 임차인은 제삼자에 대항력이 발생한다. 그리고 주택임대차보호법이나 상가건물임대차보호법에 의한 대항요건을 갖춘 임차인의 경우는 등기 없이도 제삼자에 대항력이 발생한다.

따라서 채권의 성질을 지닌 임차권은 원칙적으로 제삼자에 대항력이 없다. 그러나 예외적으로 대항력이 발생하는 경우는 4가지의 경우다.

① **민법상 등기된 임차권**(민법 제621조).

② **주택임대차보호법상의 대항요건을 갖춘 임차인**(주임법 제3조 제1항).

③ **상가건물임대차보호법상의 대항요건을 갖춘 임차인**(상임법 제3조 제1항).

④ **건물 소유를 목적으로 하는 토지 임차인이 건물 소유등기를 한 경우의 그 토지에 대한 대항력**(민법 제622조) **등이다.**

임차인이 대항력을 갖는 위의 4가지 중에서 ②, ③, ④에 대해서는 후술한다.

건물임차권의 대항력

임차인이 예외적으로 대항력을 갖는 경우는 건물을 소유하기 위한 토지 임차인이 그 토지(건물 대지)만을 등기하지 않아도 제삼자에 대항력이 발생한다. 즉 토지 임차인이 임차 지상의 건물을 등기함으로써, 토지에 대한 임대차의 등기가 없다고 하더라도 제삼자에 대항력이 있다는 것이다. 그러나 대지에 관한 적법한 임차권이 없다면 그 대지상의 건물에 관해 등기했다고 하더라도 대항력이 발생하는 것이 아니다(74다2032; 94다5458).

결국 민법 제622조 제1항은 건물의 차지권, 즉 건물 대지에 대한 임차권이 있어야 한다(2000다65802, 65819). 그 차지권이 있는 자는 건물을 등기하면 그 차지권을 가지고 제삼자에게 대항할 수 있다는 것이다. 따라서 이는 건물 소유를 목적으로 하는 토지 임대차계약이 아닌, 건물만을 경락받은 매수인은 제삼자에 대항력이 없다. 그렇다면 건물의 대지에 대해 법정지상권이 없다면, 경매로 취득한 건물만의 매수인은 토지 소유자와 새로운 임대차계약이 필요하게 된다.

우선변제권이 인정되는 임차인

(주임법 제3조의 2, 제3조, 제4항 제1항, 상임법 제5조, 제6조, 제7조 제1항)

① 주택이나 상가건물임차권이 등기된 대항력 있는 임차인(확정일자 없이도 우선변제권이 있다)

② 대항요건과 확정일자를 갖춘 임차인

③ 대항요건을 갖춘 소액보증금 최우선변제권의 임차인

④ 임차권등기명령에 따른 등기된 임차인

비용상환청구권과 대항력

임차인의 비용은 임대인이 부담할 의무가 있다. 그 비용에는 필요비와 유익비가 있다. 이 비용상환청구권은 임차인이 임대인에게 청구할 수 있는 대항력이 있는 권리다. 따라서 임차목적물의 양수인이 지위를 승계하는 때에는 양수인이 비용상환 의무도 승계하므로, 임차인은 그 대항력의 효과에 의해 양수인에게도 직접비용상환청구권을 청구할 수 있고, 이 권리로 유치권도 주장할 수 있다.

필요비

필요비는 목적물을 통상의 용도에 적합한 상태로 보존하기 위해 지출된 비용이다. 이는 가액의 현존 여부와 무관하게 청구할 수 있고, 즉시 청구할 권리가 있다(민법 제626조 제1항). 대표적으로는 보험료, 보관비용, 기계 수리비 등이다. 이는 임대차 도중에라도 지출한 때에는 즉시 상환청구할 수 있고, 이익의 현존 여부를 묻지 않는다.

유익비

유익비는 목적물의 본질을 변화시키지 않고 개량하기 위해서 지출한 비용이다. 이는 이용자의 편익을 위해 지출된 것이고, 목적물의 객관적 가치를 증가시키는 것이어야 한다. 대표적으로는 논을 밭으로 만든 경우다. 그리고 그 소유권이 임차인에 귀속되는 경우는 유익비가 아니다. 이를 청구하기 위해서는 현존해야 하고, 임대인이 실제 지출액과 가치증가액 중에서 선택해서 상환할 수 있다. 그리고 이는 필요비와 달리 임대차계약이 종료한 때에 비로소 상환청구권이 발생한다(민법 제626조 제2항 제1문).

임차인의 비용상환청구권과 유치권

임차인의 비용상환청구권은 목적물을 유치하고 유치권행사를 할 수 있는 권리가 있는 채권이다. 이는 임차인의 임대보증금과는 다르다. 즉, 임차인의 임대보증금반환채권은 목적물 반환과 동시이행의 항변권은 있어도, 유치권행사의 채권으로는 할 수 없다(2012다4633).

따라서 임차인의 제삼자에 대한 대항력은 비용상환청구권에도 적용된다. 즉, 비용상환청구권에 따라 목적물에 대한 유치권으로 양수인의 반환청구에 대항할 수 있다는(2001다6452) 것에 근거한다.

민법상 임대차에서 편면적 강행규정(민법 제652조) - 임차인이나 전차인에 불리한 약정은 효력이 없는 규정

① **일부 멸실 등과 감액청구·해지권**(제627조)

② **차임증감청구권**(제628조)

③ **임대인의 동의 있는 전대차의 경우에 있어서 전차인 권리의 확정**(제631조)

④ **기간의 약정 없는 임차인의 해지 통고**(제635조)

⑤ **해지 통고의 전차인에 대한 통지**(제638조)

⑥ **차임 연체와 해지**(제640조)(제641조)

⑦ 임차인의 갱신청구권·매수청구권(제643조)

⑧ 전차인의 임대청구권·매수청구권(제644조)

⑨ 지상권 목적 토지의 임차인의 임대청구권·매수청구권(제645조)

⑩ 임차인의 부속물매수청구권(제646조)

⑪ 전차인의 부속물매수청구권(제647조)

권리 분석상의 임차권

임차인이 제삼자에게 대항력을 갖는 경우는 예외적으로 앞서 살펴본 바와 같다. 이는 임차인의 지위가 사회적으로 약자의 위치에 있음을 전제로 입법화한 것으로 볼 수 있다. 따라서 경매에서의 임차권에 대해서는 그 대항요건을 갖추었는지의 문제를 살펴야 한다. 예컨대 임차인이 대항요건을 갖춘 경우라면 임차인의 보증금은 우선적으로 배당받을 것이고, 배당요구를 했는데도 보증금 전체를 배당받지 못했다면, 매수인이 인수해야 한다. 결국, 입찰자는 대항력 있는 임차인의 순위와 그 보증금 액수를 감안해서 입찰 여부의 판단, 권리분석에 들어가야 할 것이다. 이때의 대항력이란 임대인이 그 소유권 등을 제삼자에게 양도한 경우, 임차인이 그 양수인에게 대항할 수 있다는 것을 의미한다. 그렇다고 대항력을 갖춘 임차인이라도 임차권을 양도하는 경우에는 임대인의 동의를 얻어야 한다.

주택임대차보호법

일반적으로 주택 등을 임차할 때, 보증금을 지급하고도 등기 없이 임료도 없는 경우가 현실적으로 빈번하다. 이러한 경우는 물권인 전세권에 관한 적용이기보다는 특별법인 임대차보호법이 준용된다는 것을 명심해야 한다.

주택임대차보호법상 공시

대항요건-전입과 인도

대항요건은 제삼자에 대항할 수 있는 요건을 갖춘 공시 방법을 의미한다. 대항할 수 있다는 것은 임차인이 임대인에게 또는 매수인이나 양수인 등(제삼자)에게 임차 기간이 존속하는 한 유지할 수 있고, 그 이전에 명도를 요구한다고 해도 보증금의 반환 없이는 버틸 수 있음을 의미한다. 이러한 대항요건이란 주택의 경우는 주민등록의 전입신고를 해서 주택을 인도받는 것이고, 상가의 경우는 사업자등록의 신고를 해서 건물의 인도를 받는 것이다. 그 효력은 익일 0시부터 발생한다.

대항력

대항력은 대항요건을 갖춘 임차인이 제삼자에게 대항할 수 있는 힘을 의미한다. 결국, 대항력이 있는 임차권은 매수인에게 대항할 수 있는 힘이 있다는 것이다.

우선변제권

이는 담보권자의 실행으로 후순위 채권에 우선해 배당받을 수 있는 권리다. 이러한 우선변제권은 담보물권의 효력으로 발생하지만, 채권인 임차인에게 부여한 이유는 서민의 재산권인 보증금의 보장을 위해 일정 요건을 구비한 임차인에게도 인정하는 제도다. 임차인이 우선변제권을 인정받기 위해서는 대항요건을 갖춘 상태에서는 확정일자를 받아야 한다. 그 효력은 당일 발생한다.

최우선변제권

특별법상의 최우선변제권이란 일정한 요건을 구비한 임차인에게 배당에 있어서 최우선으로 변제받을 수 있는 권리를 말한다. 이는 경매 낙찰로 주택 가액의 1/2, 상가건물 가액의 1/2(2013. 12. 30 개정)의 범위 내에서 임차인의 보증금을 가장 먼저 받아갈 수 있는 권리다. 이는 그 요건도 완화된 상태다. 즉 해당 물건의 경매개시결정등기 이전에 임차인의 대항요건을 갖추기만 하면 가액의 1/2의 범위 내에서 변제권이 있는 권리다. 1/2의 범위를 능가할 경우는 동일한 임차인끼리 안분해서 배당받는다. 이 소액임차인은 확정일자를 받지 않아도 된다(대판 1998. 7. 10, 98다15545).

최우선변제권의 금액

최우선변제권의 금액은 지역마다 보증금의 액수에 따라 달리한다. 이를 일정액이라 한다. 이 액수의 구분은 해당 부동산의 담보권이나 전세권 설정일을 기준으로 한다. 선순위에 가압류가 있다고 해도 담보권이 기준이 된다. 그러나 담보권과 전세권이 없는 경우는 가압류의 일자를 기준으로 한다.

소액임차인의 일정한 요건

① 대항요건을 갖추고, 일정한 금액의 범위에 해당되어야 한다.

② 일정한 금액의 규정은 소액임차인의 보증금 액수에 들어가야 하고, 그 금액 중에서 특별법이 정한 금액만큼을 우선 배당받는다.

③ 대항요건은 경매개시결정등기 이전에 갖추어야 한다.

④ 사용·수익 목적의 임대차이어야 한다.

⑤ 적법한 임차인이어야 한다.

⑥ 배당요구종기일까지 배당 신청을 해야 한다.

⑦ 건물 및 대지의 경매 대금에 대해서도 배당받을 수 있다. 이는 대

지의 저당권 설정 당시에 건물이 존재해야 한다.

⑧ 제2의 경매와 대항력 및 우선변제권의 존속 여부

경매에서 대항요건을 갖춘 임차인은 매수인에 대항할 수 있다. 그리고 그 목적물이 다시 경매에 들어가도 새로운 소유자에게도 대항력은 발생한다(대판 2005다21166). 다만 임차인의 우선변제권은 제1의 경매에서만 인정된다.

임차권의 존속기간

① 기간이 정하지 않거나 2년 미만이면 2년으로 본다. 임차인은 2년 미만으로 정한 기간의 유효함을 주장할 수 있다.

② 합의로 계약을 갱신하면 차임 증액 규정은 적용하지 않는다.

③ 임대차의 묵시의 갱신

주택임대차

• 임대인 - 종료되기 6월 전부터 2월 전까지 통지

• 임차인 - 종료되기 2월 전까지 통지

• 묵시의 갱신 - 존속기간이 2년이다.

상가임대차

• 임대인 - 종료되기 6월부터 1월 전까지 통지

• 임차인 - 언제든지 해약 통보할 수 있고, 임대인이 이를 받고 3월이 지나면 효력이 발생한다.
• 묵시의 갱신 - 존속기간이 1년이다.
• 갱신 요구권 - 최초를 포함해서 10년을 초과하지 못한다.

갱신

주택임대차보호법 제6조의 3【계약갱신 요구 등】① 제6조에도 불구하고 임대인은 임차인이 제6조 제1항 전단의 기간 내에 계약갱신을 요구할 경우, 정당한 사유 없이 거절하지 못한다. 다만, 다음 각 호의 어느 하나에 해당하는 경우에는 그러하지 아니하다.

1. 임차인이 2기의 차임액에 해당하는 금액에 이르도록 차임을 연체한 사실이 있는 경우
2. 임차인이 거짓이나 그 밖의 부정한 방법으로 임차한 경우
3. 서로 합의하여 임대인이 임차인에게 상당한 보상을 제공한 경우
4. 임차인이 임대인의 동의 없이 목적 주택의 전부 또는 일부를 전대(轉貸)한 경우
5. 임차인이 임차한 주택의 전부 또는 일부를 고의나 중대한 과실로 파손한 경우
6. 임차한 주택의 전부 또는 일부가 멸실되어 임대차의 목적을 달성하지 못할 경우

7. 임대인이 다음 각 목의 어느 하나에 해당하는 사유로 목적 주택의 전부 또는 대부분을 철거하거나 재건축하기 위하여 목적 주택의 점유를 회복할 필요가 있는 경우

가. 임대차계약체결 당시 공사시기 및 소요기간 등을 포함한 철거 또는 재건축 계획을 임차인에게 구체적으로 고지하고 그 계획에 따르는 경우
나. 건물이 노후·훼손 또는 일부 멸실되는 등 안전사고의 우려가 있는 경우
다. 다른 법령에 따라 철거 또는 재건축이 이루어지는 경우

8. 임대인(임대인의 직계존속 · 직계비속을 포함한다)이 목적 주택에 실제 거주하려는 경우
9. 그 밖에 임차인이 임차인으로서의 의무를 현저히 위반하거나 임대차를 계속하기 어려운 중대한 사유가 있는 경우

④ 임대차 유형에 따른 기간에 관한 비교 도표

특별법에 의한 주택과 상가임대차에서 가장 문제되는 경우는 기간의 문제다. 이에 대해서는 다음의 표에 의한다.

종류	갱신통보 없다면	묵시의 갱신	갱신 요구권	존속 기간	갱신 불가	해지 효과
주택임대차 보호법 (제6조~6조의3)	임대인이 종료 6~2월 전	임차인이 종료 2월 전	1회만 행사 가능 2년 보장	2년 보장	2기 지체	임대인이 통보받고 3월 후 발생
상가건물 임대차보호법(제9조~10조)	임대인이 종료 6월~1월 전		최초기간 포함해서 10년 초과하지 않은 범위 내에서 가능	1년으로 본다	3기 지체	임대인이 통보받고 3월 후 발생
민법상 임대차 (제620조 이하)	당사자가 종료 1년(토지) 3월(건물 등) 1월(동산)	상당 기간 내		20년 넘지 못함 갱신하면 10년만	2기 지체	임대인 통보 시 6월 임차인 통보 시 1월 경과 시 효과

주택임대차보호법상의 보호 범위

수도권 과밀억제 권역 (수도권 계획법)

- 서울특별시
- 인천광역시(강화군, 옹진군, 중구 운남동, 운북동, 운서동, 중산동, 남북동, 덕교동, 을왕동, 무의동, 서구대곡동, 불노동, 마전동, 금곡동, 오류동, 왕길동, 당하동, 원당동, 연수구 송도매립지, 남동유치지역을 제외한다)
- 의정부시
- 구리시
- 남양주시(호평동, 평내동, 금곡동, 일패동, 이패동, 삼패동, 가운동, 수석동, 지금동 및 도농동에 한한다)
- 고양시, 수원시, 하남시, 성남시, 안양시, 부천시, 광명시, 과천시, 의왕시, 군포시, 시흥시(반월특수지역을 제외한다)
- 용인시
- 화성시
- 세종시

주택임대차보호법(1981. 3. 5 제정)상
소액임차인의 최우선변제액 변천(단위 : 만 원)

시행일 (담보권설정일을 말한다)	지역	소액보증금	최우선변제금
1984. 6. 14 ~ 1987. 11. 30	특별시, 광역시	300만 원	300만 원
	그 밖의 지역	200만 원	200만 원
1987. 12. 1 ~ 1990. 2. 18	특별시, 광역시	500만 원	500만 원
	그 밖의 지역	400만 원	400만 원
1990. 2. 19 ~ 1995. 10. 18	특별시, 광역시	2,000만 원	700만 원
	그 밖의 지역	1,500만 원	500만 원
1995. 10. 19 ~ 2001. 9. 14	특별시, 광역시	3,000만 원	1,200만 원
	그 밖의 지역	2,000만 원	800만 원
2001. 9. 15. ~ 2008. 8. 20	*수도권 과밀억제권역	4,000만 원	1,600만 원
	광역시(인천, 군 제외)	3,500만 원	1,400만 원
	그 밖의 지역	3,000만 원	1,200만 원
2008. 8. 21. ~ 2010. 7. 25	수도권 과밀억제권역	6,000만 원	2,000만 원
	광역시(인천, 군 제외)	5,000만 원	1,700만 원
	그 밖의 지역	4,000만 원	1,400만 원

시행일 (담보권설정일을 말한다)	지역	소액보증금	최우선변제금
2010. 7. 26 ~ 2013. 12. 31	서울	7,500만 원	2,500만 원
	*수도권 과밀억제권역	6,500만 원	2,200만 원
	광역시(인천, 군 제외) 수도권 과밀억제권역 아닌 인천, 안산, 용인, 김포, 광주	5,500만 원	1,900만 원
	그 밖의 지역	4,000만 원	1,400만 원
2014. 1. 1 ~ 2016. 3. 30	서울	10,000만 원	3,400만 원
	*수도권 과밀억제권역	8,000만 원	2,700만 원
	광역시(인천, 군 제외) 수도권 과밀억제권역 아닌 인천, 안산, 용인, 김포, 광주	6,000만 원	2,000만 원
	그 밖의 지역	4,500만 원	1,500만 원
2016. 3. 31 ~	서울	1억 원	3,400만 원
	수도권과 과밀억제권역과 광역시(서울 제외)	8,000만 원	2,700만 원
	광역시(인천의 군지역제외), 안산·용인·김포·광주	6,000만 원	2,000만 원
	그 밖의 지역	5,000만 원	1,700만 원
2018. 9. 18 ~	서울시	1억 1,000만 원	3,700만 원
	과밀억제권역(용인·화성·세종 포함)	1억 원	3,400만 원
	광역시(군 지역은 제외하고, 용인·세종 제외, 파주 포함)	6,000만 원	2,000만 원
	그 밖의 지역(화성·파주 제외)	5,000만 원	1,700만 원

상가건물임대차보호법

상가건물임대차보호법상의 공시와 보호 기준

상가건물임대차보호법에 따라 등기 없이도 공시 방법을 갖추면 제삼자에 대항할 수 있는 규정을 두고 있다. 따라서 상가건물의 임차인도 주택의 경우와 같이 일정 보증금의 범위에 해당하면 등기 없이도 제삼자에 대항할 수 있는 힘이 생긴다.

대항요건

상가의 경우는 임차인이 사업자등록을 세무서에 신고하고, 건물을 인도받으면 그다음 날부터 대항요건의 효력이 발생한다. 이러한 대항요건은 취득 요건이고 존속 요건이다. 그래서 배당요구종기일까지 존속되어야 한다.

대항력

대항요건을 갖춘 임차인은 제삼자에 대항할 수 있는 힘이 발생한다. 임차인이 임대차기간이 종료한 경우에도 보증금을 돌려받을 때까지는 임대차관계는 존속하는 것으로 본다(상가건물임대차보호법 제3조, 제9조 제2항).

우선변제권

임차인이 대항요건을 갖추고, 확정일자를 받은 상태라면 임차인의 보증금은 다른 후순위 채권자보다 우선변제 받을 수 있다(상가건물임대차보호법 제 5조).

최우선변제권

일정액의 보증금을 최우선 받기 위해서는 경매개시 결정기일 이전에 대항요건을 갖추어야 한다.

최우선변제금액

최우선변제금액은 임차인의 보증금 중에서 일정액이 상가건물 가액의 1/2을 초과하지 않는 범위 내이다. 만약 임차인이 2인 이상이면 그 합한 금액이 건물가액의 절반을 넘지 않아야 한다. 만약 초과하는 경우, 초과하는 일정 금액을 분할해서 지급한다(상가건물임대차보호법 시행령 제7조 제3항).

상가건물임대차의 특수한 문제

상가건물의 경우는 주택의 경우와는 달리 모든 상가임대차에 적용되는 것이 아니고, 일정 보증금 범위 내의 경우만이 보호 대상이다. 그리고 약정 차임의 증액은 증액 후 1년 내에는 증액하지 못한다(상가건물임대차보호법 제11조). 증액하더라도 청구 당시의 차임 또는 보증금의 100분의 5의 금액을 초과하지 못한다(상가건물임대차보호법 시행령 5조). 또한, 상가의 경우는 보증금을 환산보증금으로 한다. 환산보증금이란 보증금에 월세 곱하기 100을 더한 금액이다. 가령 어떤 임차인의 보증금이 1억 원이고, 월세가 50만 원이면, 전체 보증금은 1억 5,000만 원이 된다.

갱신과 최우선변제금

상가건물임대차보호법 제9조【임대차기간 등】

① 기간을 정하지 아니하거나 기간을 1년 미만으로 정한 임대차는 그 기간을 1년으로 본다. 다만, 임차인은 1년 미만으로 정한 기간이 유효함을 주장할 수 있다.

② 임대차가 종료한 경우에도 임차인이 보증금을 돌려받을 때까지는 임대차 관계는 존속하는 것으로 본다.

상가건물임대차보호법 제10조【계약 갱신 요구 등】

① 임대인은 임차인이 임대차기간이 만료되기 6개월 전부터 1개월

전까지 사이에 계약갱신을 요구할 경우, 정당한 사유 없이 거절하지 못한다. 다만, 다음의 각호의 어느 하나의 경우에는 그러하지 아니하다.

1. 임차인이 3기의 차임액에 해당하는 금액에 이르도록 차임을 연체한 사실이 있는 경우
2. 임차인이 거짓이나 그 밖의 부정한 방법으로 임차한 경우
3. 서로 합의하여 임대인이 임차인에게 상당한 보상을 제공한 경우
4. 임차인이 임대인의 동의 없이 목적 건물의 전부 또는 일부를 전대(轉貸)한 경우
5. 임차인이 임차한 건물의 전부 또는 일부를 고의나 중대한 과실로 파손한 경우
6. 임차한 건물의 전부 또는 일부가 멸실되어 임대차의 목적을 달성하지 못할 경우
7. 임대인이 다음 각 목의 어느 하나에 해당하는 사유로 목적 건물의 전부 또는 대부분을 철거하거나 재건축하기 위하여 목적 건물의 점유를 회복할 필요가 있는 경우

가. 임대차계약 체결 당시 공사 시기 및 소요 기간 등을 포함한 철거 또는 재건축 계획을 임차인에게 구체적으로 고지하고 그 계획에 따르는 경우
나. 건물이 노후·훼손 또는 일부 멸실되는 등 안전사고의 우려가 있는 경우
다. 다른 법령에 따라 철거 또는 재건축이 이루어지는 경우

8. 그 밖에 임차인이 임차인으로서의 의무를 현저히 위반하거나 임대차를 계속하기 어려운 중대한 사유가 있는 경우

② 임차인의 계약갱신 요구권은 최초의 임대차기간을 포함한 전체 임대차기간이 10년을 초과하지 아니하는 범위에서만 행사할 수 있다.

③ 갱신되는 임대차는 전 임대차와 동일한 조건으로 다시 계약된 것으로 본다. 다만, 차임과 보증금은 상임법 제11조(차임 등의 증감청구권)에 따른 범위에서 증감할 수 있다.

상가건물임대차보호법상의 보호 범위

상가건물임대차보호법(2002. 11. 1 제정)상
소액임차인의 최우선변제액 변천(단위 : 만 원)

시행일 (담보권설정일)	지역	보호 대상	소액임차 보증금	최우선변제 일정액
2002. 10. 14 ~2008. 8. 20	서울특별시	2억 4,000만 원 이하	4,500만 원 이하	1,350만 원
	수도권정비계획법에 의한 수도권 중 과밀억제권역	1억 9,000만 원 이하	3,900만 원 이하	1,170만 원
	광역시(군지역과 인천시 지역 제외)	1억 5,000만 원 이하	3,000만 원 이하	900만 원
	기타지역	1억 4,000만 원 이하	2,500만 원 이하	750만 원
2008. 8. 21 ~2010. 7. 25	서울특별시	2억 6,000만 원 이하	4,500만 원 이하	1,350만 원
	수도권정비계획법에 의한 수도권 중 과밀억제권역	2억 1,000만 원 이하	3,900만 원 이하	1,170만 원
	광역시(군지역과 인천시 지역 제외)	1억 6,000만 원 이하	3,000만 원 이하	900만 원
	기타지역	1억 5,000만 원 이하	2,500만 원 이하	750만 원
2010. 7. 26 ~2013 12. 31	서울특별시	3억 원 이하	5,000만 원 이하	1,500만 원
	수도권정비계획법에 의한 수도권 중 과밀억제권역	2억 5,000만 원 이하	4,500만 원 이하	1,350만 원

시행일 (담보권설정일)	지역	보호 대상	소액임차 보증금	최우선변제 일정액
2010. 7. 26 ~2013 12. 31	광역시(과밀억제권역에 포함된 지역과 군지역 제외), 안산시, 용인시, 김포시 및 광주시	1억 8,000만 원 이하	3,000만 원 이하	900만 원
	기타지역	1억 5,000만 원 이하	2,500만 원 이하	750만 원
2014. 1. 1 ~현재	서울특별시	4억 원 이하	6,500만 원 이하	2,200만 원
	수도권정비계획법에 의한 수도권 중 과밀억제권역	3억 원 이하	5,500만 원 이하	1,900만 원
	광역시(과밀억제권역에 포함된 지역과 군지역 제외), 안산시, 용인시, 김포시 및 광주시	2억 4,000만 원 이하	3,800만 원 이하	1,300만 원
	기타지역	1억 8,000만 원 이하	3,000만 원 이하	1,000만 원
2018. 1. 26 ~현재	서울	6억 1,000만 원	6,500만 원	1,000만 원
	수도권정비계획법에 의한 수도권 중 과밀억제권역	5억 원	5,500만 원	1,900만 원
	광역시 (세종, 파주, 화성)	3억 9,000만 원	3,800만 원	1,300만 원
	기타 (광역시에서 군지역제외)	2억 7,000만 원	3,000만 원	1,000만 원

이상에서 보는 바와 같이 상가건물임대차는 주택임대차와 달리 보호 대상이 되는 보증금의 액수에 따라 제한이 있다. 즉 주택임대차의 경우는 주택이기만 하면 보증금의 액수와는 관계없이 모두 주택임대차보호법이 적용되지만, 상가의 경우는 보증금의 보호 대상 범위가 한정되어 있다. 그래서 만약 상가의 경우에 보증금이 보호 대상에서 제외된다면, 민법의 규정을 받게 된다는 것이다. 다만, 상가건물임대차보호법 제3조의 대항력, 제10조 제1항의 임차인의 갱신 요구권 등, 동조

2항의 10년의 범위 내에서의 갱신, 동조 3항의 동일 조건의 갱신, 권리금, 제19조 표준계약서 작성 등, 제2조 1항 단서의 보증금을 초과하는 임대차에도 적용된다고 하겠다(2015. 5. 13 개정).

상가에서 보증금을 정하는 기준은 주택임대차보증금과는 달리 단순한 보증금으로 하지 않는다. 즉 보증금과 차임이 있는 경우 그 차임에 1분의 100을 곱해 환산한 환산보증금{=보증금+ (월세 × 100/1)]을 기준으로 정한다(상임법 제2조 제2항, 같은 법 제2조 제3항).

예컨대 보증금 2,000만 원에 월세 100만 원이면, 그 환산보증금은 1억 2,000만 원이 된다.

상가권리금 보호 체계

권리금 회수 기회 보호 강화

〈임차인 대항력 확대〉
- 모든 임차인에게 대항력을 부여하여 건물주 변경 등에 관계없이 계약갱신 청구권(10년) 보장

〈임대인 협력 의무 의무 신설〉
- 임대인은 임대차 종료 후 2개월(임대인이 임대차 종료 3개월 전까지 갱신 거절 통지한 경우에는 종료 시)까지 다음 각 호의 행위로 인해 임차인이 권리금을 지급받는 것을 방해해서는 안 됨

다음

1. 신규임차인에게 권리금을 요구하거나, 수수하는 행위
2. 임차인에게 권리금 상당액을 지급하지 못하게 하는 행위
3. 임대인이 신규임차인에게 현저하게 높은 차임과 보증금을 요구
4. 정당한 이유 없이 임차인이 주선한 신규임차인과 임대차계약의 체결을 거절하는 행위

그러나 임대인이 다음의 사유에 해당하는 행위를 했을 경우에는 협력 의무를 면제받는다.

다음

〈임대인의 협력 의무 면제 사유〉

1. 차임액 연체 등 상임법 제10조 제1항 갱신거절 사유(8가지 내용은 후술)가 있는 경우
2. 신규임차인이 차임을 지급할 자력이 없는 경우
3. 그 밖에 신규임차인이 임대차계약을 위반하는 행위를 할 것이 명백한 경우 등

권리금 피해구제 강화

〈임차인의 손해배상 청구권 신설〉

- 임대인의 협력 의무 위반 시 손해배상 청구
- 손해배상액은 권리금 상당액의 상한을 초과하지 못하며 권리금 상당액의 산정 기준은 국토교통부 장관이 정함(고시)

권리금 보호인프라 구축

〈권리금 정의 명확화〉

- 영업을 하려고 하는 자가 유·무형의 재산적 가치의 양도 대가(이용 대가)로 보증금과 차임 이외에 지급하는 금전 등

〈분쟁조정위원회 설치〉

- 시·도에 상가임대차 분쟁조정위원회를 구성해 관련 분쟁이 발생할 경우 신속하게 해결

〈표준계약서·권리금 보험 확산〉

- 권리금이 기재된 상가임대차·권리금 표준계약서를 보급하고 권리금 보험을 개발·판매

주택임대차보호법과 상가건물임대차보호법의 비교

주택임대차보호법은 '국민 주거생활 안정'을 목적으로 하며, 상가건물임대차보호법은 '국민 경제생활 안정'을 목적으로 한다. 따라서 두 특별법은 적용 대상, 계약 갱신 요구권, 대항요건, 임대차기간, 최우선변제권의 일정액 등에서 차이가 있지만 거의 대동소이하다.

연혁

주택임대차보호법은 1981년 3월 5일에 법률 제3379호로 공포해 그동안 11차 개정이 있었고, 상가건물임대차보호법은 2001년 12월 29일에 법률 제6542호로 공포해서 2002년 11월 1일부터 시행한 후 그동안 6차 개정이 있었다.

목적

주택임대차보호법은 국민의 주거 생활의 안정을 목적으로 하며(주택임대차보호법 제1조), 상가건물임대차보호법은 국민 경제생활의 안정을 목적으로 한다(상가건물임대차보호법 제1조).

적용 대상

주택임대차보호법은 모든 주택임대차에 적용되며, 상가건물임대차보호법은 모든 상가건물이 적용되는 것은 아니고 시행령에서 정하는 일정 보증금 이하인 경우에만 적용된다. 그러나 법무부에서 현재 추진하는 상가건물임대차보호법 개정안에 의하면 모든 임차인에게도 대항력을 인정하고 있다.

대항력, 우선변제권, 최우선변제권

대항력

주택임대차보호법상의 대항력은 주택의 인도와 주민등록신고를 요건으로, 상가건물임대차보호법은 상가건물의 인도와 사업자등록을 각 대항요건으로 한다.

우선변제권

주택임대차보호법이나 상가건물임대차보호법은 확정일자를 받아야 민사집행법에 의한 경매 또는 국세징수법에 의한 공매 시 임차건물(임대인소유의 대지를 포함한다)의 환가대금에서 후순위권리자 기타 채권자보다 우선해서 보증금을 변제받을 수 있다.

최우선변제권

㉮ 주택임대차보호법의 경우 : 주택가액의 1/2 범위 내 보증금 중 일정액

i) 서울특별시 : 보증금이 1억 원 이하인 임차인 3,400만 원

ii) 수도권정비계획법에 따른 수도권 중 과밀억제권역 : 보증금이 8,000만 원 이하인 임차인 2,700만 원

iii) 광역시(군, 인천 제외), 안산, 용인, 김포, 광주 : 보증금이 6,000만 원 이하인 임차인 2,200만 원

iv) 그 밖의 지역(세종시를 제외) : 보증금이 5,000만 원 이하인 임차인 1,700만 원

㉯ 상가건물임대차보호법의 경우 : 임대건물가액의 1/2 범위 내 보증금 중 일정액

i) 서울특별시 : 6,500만 원 이하인 임차인 2,200만 원

ii) 수도권정비계획법에 의한 수도권 중 과밀억제권역 : 5,500만 원 이하인 임차인 1,900만 원

iii) 광역시(군지역과 인천 제외), 안산, 용인, 김포, 광주 : 3,000만 원 이하인 임차인 900만 원

iv) 그 밖의 지역 : 3,000만 원 이하인 임차인 1,000만 원

임대차기간(최단)

주택임대차보호법의 임대차 최단기간은 2년이고, 임차인 요구 시 2년 미만 계약 가능하다. 상가건물임대차보호법의 경우 임대차 최단기간은 1년이고, 임차인 요구 시 1년 미만 계약이 가능하다. 그리고 최장기간은 민법 제651조의 적용을 받는다.

임차인의 계약갱신 요구권

주택임대차보호법의 경우 계약갱신 요구권이 없다. 그러나 상가건물임대차보호법은 법정 사유가 없으면 총 10년간 임대인은 임차인의 계약갱신 요구를 거절할 수 없다.

임대료 인상 제한

주택임대차보호법의 경우 차임 또는 보증금(이하 '차임 등'이라 한다)의 증액청구는 약정한 차임 등의 20분의 1(5%)의 금액을 초과하지 못하고, 최근 증액 후 1년 내에는 증액하지 못한다(주임법 시행령 제8조 제1항 제2항). 상가건물임대차보호법은 동법시행령(제4조)에서 정하는 비율, 즉 보증금의 증액청구는 청구 당시의 차임 또는 보증금의 100분의 5(5%)의 금액을 초과하지 못하고, 증액 후 1년 내에는 증액하지 못한다.

월세 전환이율 제한

앞서 기술한 바와 같이 주택임대차보호법상 그 시행령에서 정하는 비율은 연 1할의 대출금리 비율과 한국은행에서 공시한 기준금리에 4배를 곱한 비율 중에서 낮은 비율을 곱한 월 차임의 범위를 초과할 수 없다. 상가건물임대차보호법은 같은 법 시행령(제5조)에서 정하는 비율이 연 1할 2푼(12%)이다. 그리고 상가 임대차의 경우는 법제 12조 제2호에서 대통령령으로 정하는 배수란 4를 더한 것을 말한다. 이에 대한 입법의 해석과 계산 방법은 주택임대차보호법에서 기술한 바와 같다.

이해관계자의 권익 보호

임차인 권리 강화에 대응해 이해관계자의 권익을 보호하기 위해 상가건물임대차보호법은 사업자등록사항 등을 열람할 권리를 부여해 주고 있는 반면, 주택임대차보호법에는 아직 이러한 권리가 없다.

제9장

권리분석 Ⅳ - 공유지분

공유지분이 경매로 나온 경우는 예외 없이 유찰을 거듭한다. 그 이유는 공유자 우선매수권이 있기도 하고, 지분을 매수해서 기존의 지분권자와의 마찰 또는 분쟁의 여지 때문이다. 따라서 공유지분에 대해서는 분명한 법적 지식이 필요하다.

공유지분 특징

부동산 경매에서 공유지분은 특별하다. 공유지분이 권리분석의 대상이 되는 것은 매수하고 기존의 공유자와의 권리관계를 어떻게 해결하느냐의 방법이 권리분석의 대상이 되기 때문이다.

입찰에서는 기존의 공유자가 우선매수권이 있고, 그 우선매수권은 단 한 번만 사용할 수 있다. 그리고 공유자가 우선매수권을 행사하고자 한다면 입찰기일에 입찰보증금을 납부해야 한다는 것 등의 방법상의 문제가 있다.

공유자우선매수권

법원은 공유지분에 대한 경매개시결정이 있음을 등기부에 기입하고, 다른 공유자에게 그 경매가 진행된다는 것을 통지해야 한다(민사집행법 제139조 제1항). 이때 공유자는 매각기일까지(매각기일 종결 고지 전까지) 보증을 제공하고, 최고 매수신고 가격과 같은 가격으로 채무자의 지분을 우선매수신고를 할 수 있고(민사집행법 제140조 제1항), 법원은 그 가격과 같은 가격으로 그 공유자에게 매각을 허가해야 한다(민사집행법 제140조 제2항). 이러한 제도는 우리나라만의 특유한 제도다. 이는 기일입찰, 기간입찰 및 호가경매 모두에 적용된다.

우선매수권을 행사할 수 있는 공유자

공유자우선매수권을 행사할 수 있는 자는 경매개시결정등기 이전에 등기된 공유자뿐만 아니라 경매개시결정등기 후에 매각되지 않은 지분을 이전받은 공유자도(다만, 권리신고를 해서 이해관계인에 해당하는 경우에 한한다) 우선매수권을 행사할 수 있다(집행관업무자료집 127면).

우선매수권 행사의 방법

공유자의 우선매수권 행사 방법은 서면 또는 구술로 할 수 있다는 것이 실무의 예다. 입찰기일 이전에 집행법원 또는 집행관에게 공유자 우선매수신고서를 제출하는 방식으로도 한다. 이때는 보증금을 같이 제공해야 하는 것은 아니다. 보증금은 입찰기일에 제공하면 된다.

공유자가 우선매수신고서만을 법원에 제출한 경우에도, 집행관이 입찰기일에 입찰법정에서 최고가 매수신고인과 그 입찰가격을 호창하고 입찰의 종결선언을 하기 전에, 그 우선매수신고자의 출석 여부를 확인한 다음, 최고가 매수신고인의 입찰가격으로 매수할 의사가 있는지의 여부를 확인해서 즉시 매수 신청보증을 제공하도록 하는 등으로 최고 입찰가격으로 매수할 기회를 줘야 한다(대결 2002. 6. 17. 2002마234 등).

우선매수권행사의 한계

공유자가 우선매수제도를 이용해 공유지분을 저가에 매수하기 위해 여러 차례에 걸쳐 우선매수신고만 하고 매수신고인이 나타나지 않자 매수 신청보증금을 납부하지 않는 방법으로 유찰이 되게 했다가 마지막 매각기일(판례의 경우 제3회 또는 제4회 매각기일)에 매수신고인이 나타나자 비로소 매수 신청보증금을 납부해 최고가 매수인의 지위를 얻은 것은 민사집행법 제108조 제2호, 제121조, 제123조에서 정하는 매각불허가 사유가 있는 사람, 즉 '매각의 적정한 실시를 방해한 사람'에 해당하므로 매각불허가 사유에 해당한다(대결 2010. 3. 4. 2008마1189, 대결 2011. 8. 26. 2008마637). 그래서 현행 법은 공유자우선 매수 신청을 단 한 차례만 할 수 있는 것으로 하고 있다.

우선매수권을 행사할 수 있는 시한

공유자는 집행관이 매각기일을 종결한다는 고지를 하기 전까지는 매수 신청보증을 제공하고 우선매수 신고를 할 수 있다(민사집행규칙 제76조 제1항, 재민 2004-3 제31조). 입찰 마감시각까지로 제한할 것이 아니다(대결 2000. 1. 28. 99마5871, 대결 2002. 6. 17. 2002마234 등).

따라서 공유자가 매각기일 전에 미리 우선매수권을 행사함에는 지장이 없으나, 매각기일의 종결 후에는 우선매수권을 행사할 수 없다.

우선매수권의 포기

입찰기일 전에 공유자우선매수신고서를 제출한 공유자가 입찰기일에 입찰 참가해 입찰표를 제출했다고 해서 그 사실만으로 우선매수권을 포기한 것으로 볼 수 없다(대결 2002. 6. 17. 2002마234). 특별한 사정이 없는 한 공유자가 우선매수신고를 하고도 그 매각기일에 보증을 제공하지 아니한 것만으로 우선매수권을 행사할 법적 지위를 포기하거나 상실하는 것으로 볼 수 없다(대결 2011. 8. 26. 2008마637).

우선매수신고의 취하

공유자가 매수 신청보증을 제공하고 우선매수신고를 한 후에는 우선매수신고 취하 및 보증금의 반환을 허용하지 않는다(집행관업무자료집 126면).

우선매수권 행사의 효과

다른 매수신고인이 있는 경우

공유자에 대한 매각허가 공유자의 우선매수권 행사가 적법한 경우 다른 최고가 매수신고자가 있더라도 법원은 그 가격과 같은 가격으로 그 공유자에게 매각을 허가해야 한다(민사집행법 제140조 제2항). 집행법원이 공유자의 적법한 우선매수권 행사를 무시하고, 최고가 매수신고인에게 매각을 허가하게 되면 공유자는 항고로써 시정을 받을 수 있다(민사집행법 제121조 제2항, 제129조 제2항). 그러나, 다른 이해관계인은 이것 때문에 하등 손해를 볼 리 없으므로 항고 이유로 주장할 수 없다. 매수 경쟁 공유자가 우선매수권을 행사한 경우 최고가 매수신고인이 더 높은 입찰가격을 제시할 수는 없다(대결 2004. 10. 14. 2004마581). 여러 사람의 공유자가 우선매수권을 행사한 경우 여러 사람의 공유자가 우선매수 하겠다는 신고를 하고, 그 절차를 마친 때에는 특별한 협의가 없으면 공유지분의 비율에 따라 채무자의 지분을 매수하게 한다(민사집행법 제140조 제3항). 여러 사람의 공유자가 각자의 공유지분 비율에 따라 매수할 지분과 그 매수가격을 정해 우선매수신고를 한 경우 각 우선매수신고인들은 공동 입찰한 관계에 있으므로, 그들에 대해서는 일괄해 그 매각 허부를 결정해야 하고, 공동입찰인 중의 일부에 매각불허가 사유가 있으면 전원에 대해 매각을 불허해야 한다(대결 2001. 7. 16. 2001마 226). 차순위 매수신고인의 지위 포기(민사집행규칙 제76조 제3항) 공유자가 우선매수신고를 한 경우 최고가 매수신고인은 (자기를 차순위 매수신고인으로 지정해 달라는 별도의 신고 없이) 차순위 매수신고인으로 본다(민사집행법 제140조 제4항). 차순위 매수인으로 간주되는 최고가 매수신고인은 집행관이 매각기일을 종결한다는 고지를 하기 전까지 차순위 매수인의 지위를 포기할 수 있다(민사집행규칙 제76조 제3항, 재민 2004-3 제31조). 포기 사실은 매각기일 조서에 적어야 한다(민사집행규칙 제67조 제1항 제6호, 제71조, 제72조).

따라서 최고가 매수신고인이 있는 공유지분의 경우에는 공유자우선매수 신고를 입찰기일 종료 전까지 하고 입찰보증금을 제공하면, 최고가 매수자가 입찰한 금액으로 매수인이 된다는 것인바, 입찰자로서는 차순위 입찰자가 된다는 것인데, 그렇게 되면 차순위 입찰자는 제공한 입찰보증금을 공유자(우선매수자)의 대금 납부까지 기다렸다가 보증금을 찾아오게 된다.

다른 매수신고인이 없는 경우

민사집행법 제113조에 따른 보증을 제공하고 우선매수신고를 했으나 다른 매수신고인이 없는 때에는 최저매각가격을 최고가 매수신고가격으로 보고 우선매수권의 행사를 인정하도록 했다(민사집행규칙 제76조 제2항). 최저매각가격을 상당히 낮추어 새 매각기일을 진행하는 것보다는 공유자가 최저매각가격으로 매수하는 것이 경매의 당사자나 이해관계인에게 유리하기 때문이다.

공유자우선매수권을 행사할 수 없는 경우

공유물분할을 위한 경매에서의 공유자

공유물분할을 위한 경매 절차상에서는 공유자우선매수 신청이 인정되지 않는다. 공유물 전체를 경매해서 금전 분할을 요구하는 경매 절차에서 그 부동산 중 일부에 대한 공유자가 토지 일부와 건물 전체가 일괄 매각 절차로 진행되었는데, 토지 중 일부 다른 공유자가 공유자우선매수 신청을 할 수가 없다고 판단했다.

따라서 공유물분할에 합의가 되지 않으면 공유물 전체를 경매해서 금전으로 분할하는 절차를 밟게 된다. 이때는 공유자 중의 어느 한 공유자가 그 공유물 전체를 우선매수할 수 있는 권리가 없다는 것이다.

이에 대한 사례는 다음과 같다. 여러 사람이 공유로 소유하던 토지의 분할을 거부하자 공유물 전체가 경매로 나온 물건이다.

다음의 물건에 대해서는 공유자 누구도 우선매수권이 없다. 즉 공유자 중의 한 사람인 정○○이 재판을 통해 분할을 신청했지만, 현물분할이 성립되지 않아 공유물 전체의 경매를 통해 금전 분할을 요구한 사건이다. 당시 이 사건은 최대의 관심 물건으로 많은 사람들이 입찰해 감정가 대비 260%를 기록했다.

경매개시 72 배당요구종기일 82 최초진행 0 매각 40 납부 30 배당종결(224일 소요) ← 이전 목록 다음 →

2017타경1905 • 대구지방법원 본원 • 매각기일 : 2017.07.12(水) (10:00) • 경매 1계(전화:053-757-6771)

소 재 지	대구광역시 수성구 삼덕동 도로명검색 지도 지도 주소 복사		
물건종별	임야	감 정 가	211,700,000원
토지면적	730㎡(220.83평)	최 저 가	(100%) 211,700,000원
건물면적		보 증 금	(10%) 21,170,000원
매각물건	토지만 매각	소 유 자	김○○
개시결정	2017-02-08	채 무 자	김○○
사 건 명	임의경매(공유물분할을위한경매)	채 권 자	정○○
관련사건	2004타경56271(이전), 2007타경101(이전), 2014타경1027(이전)		

오늘조회: 1 2주누적: 0 2주평균: 0 조회동향

구분	매각기일	최저매각가격	결과
1차	2017-07-12	211,700,000원	
매각 : 554,619,000원 (261.98%)			
(입찰55명,매수인:달서구 윤○○ / 차순위금액 549,309,000원)			
매각결정기일 : 2017.07.19 - 매각허가결정			
대금지급기한 : 2017.08.21			
대금납부 2017.08.21 / 배당기일 2017.09.20			
배당종결 2017.09.20			

사진 펼쳐보기

• 매각토지.건물현황 (감정원 : 명품감정평가 / 가격시점 : 2017.02.17)

목록	지번	용도/구조/면적/토지이용계획		㎡당 단가 (공시지가)	감정가	비고
토지	삼덕동	자연녹지지역,가축사육제한구역<가축분뇨의 관리 및 이용에 관한 법률...	임야 730㎡ (220.83평)	290,000원 (21,000원)	211,700,000원	* 현황 일부 전
감정가	토지:730㎡(220.83평)			합계	211,700,000원	토지만 매각
현황 위치	* "대구시립미술관" 북측 도로건너편 인근에 위치하며, 부근일대는 기존부락, 농경지, 임야와 대구시립미술관, 육상진흥센터 등으로 형성되어 있습니다. * 본건까지 차량진입가능하며, 제반 교통사정은 보통시됩니다. * 대체로 북하향 완경사지대의 삼각형 토지로서 "자연림 및 전"으로 이용중입니다. * 남측으로 광대로변 부채도로인 노폭 약 6미터 포장도로를 접하고 있습니다.					
참고사항	* 일부 지상에 이동용이한 벌통 다수 소재(매각 제외) * 본건 지상에 소재하는 임목은 거래관행 및 평가목적 등을 고려하여 토지에 포함 평가하였습니다.					

구분 소유적 공유 관계에서의 공유자

공유 관계에 있는 공유자 중에서 어느 한 공유자가 공유물 전체를 나누어서 각각 점유 사용할 수가 있다. 이를 '구분 소유적 공유 관계'라고 한다. 즉 구분 소유적 공유란 1필지의 토지 중 위치, 평수가 특정된 일부를 양수하고서도 분필에 의한 소유권이전등기를 하지 않고, 그 필지의 전체 평수에 대한 양수 부분의 면적 비율에 상응하는 공유지분등기를 경료한 경우를 말한다. 이러한 구분 소유적 공유 관계에 있는 다른 공유자에 대해서 공유자우선매수 신청권은 인정되지 않는다(대판 2008마696 참조).

따라서 구분 소유적 공유 관계는 구분된 소유권을 분필등기를 하지 않고, 점유와 사용만을 구분해서 하며, 그 공유물 전체 평수에 대한 등기에서만 비율에 따른 지분등기를 한 경우다. 이러한 경우에 어느 구분 소유적 공유 관계에 있는 부분이 경매로 나온 경우에 다른 구분 소유적 공유 관계에 있는 공유자는 우선매수 신청권이 없다고 한다. 이는 구분 소유적 공유 관계에 있는 공유자는 공유자일 뿐, 경매에서 우선매수 신청권을 행사할 수 있는 공유자가 아니라는 것이다. 이를 증명하는 것이 다음 사례에서 나타난다.

경매 사건번호 2008타경4928호(충남 공주 탄천면 남산리 7○○-2 외 3필지) 매수인은 공유자우선매수 신청권을 하기는 했지만, 매수인이 된 것은 단독으로 매수 신청을 한 경우에 최고가 매수인이 된 것이고, 공유자우선매수 신청자로서 매수인이 된 것은 아니라고 하겠다.

집합건물 대지권에서의 공유자

집합건물의 구분 소유자의 대지권으로 그 부지에 공유지분으로 등기된 경우, 이와 같은 집합건물 등에 있어서 그 부지의 수많은 공유자에게는 공유자우선매수 신청권이 인정되지 않는다.

따라서 아파트나 빌라, 그리고 주상복합 시설의 상가건물 등에 대한 대지권은 어느 한 구분 소유자가 특정해서 점유, 사용할 수 있는 권리도 아니다. 어느 대지권의 일부가 경매로 나온다고 하더라도 이에 대해서는 다른 공유자가 우선매수 신청권을 행사할 수 없다는 것이다. 이는 집합건물에서는 대지권 일체의 원칙과도 같은 맥락이다(집합건물 소유에 관한 법률 제20조).

토지의 일부와 건물의 일괄경매에서 토지의 일부 공유자

토지의 일부와 건물이 일괄경매로 나온 경우, 그 토지의 일부 공유자가 우선매수 신청권을 행사할 수 없다. 이는 토지의 일부 소유자는 공유자이기는 하지만, 부동산 전체인 토지의 일부와 건물 전체에 대해서는 일부 공유자로 볼 수 없다는 것이다.

따라서 토지의 일부와 그 지상의 건물 전체가 일괄경매로 나온 경우에 토지의 일부 공유자가 우선매수 신청권을 제출했다고 하더라도 받아들이지 않고, 일반최고가 입찰자가 매수인이 된다.

공유물의 사용,
수익과 부당이득

공유물의 사용, 수익

공유물 사용, 수익은 자기 지분에 의해 제약되므로 구체적인 사용, 수익 방법에 대해서 공유자 간에 합의가 필요하다. 합의가 있는 경우에는 공유자 중 1인이 공유물 전부를 사용, 수익하는 것이 적합하지만, 합의가 없는 경우에는 공유자 중 1인이 다른 공유지분권자의 사용, 수익을 침해한 불법행위가 되어 손해를 배상할 의무가 발생한다. 이 경우, 나머지 지분권자는 공유물 보존행위로서 그 배타적 사용의 배제를 구할 수 있다.

부당이득반환 청구권

모든 공유자는 공유물을 자기 지분의 비율로 사용, 수익할 권리가 있기 때문에 합의가 있든, 없든 상관없이 다른 공유자들 중 지분은 있으나 사용, 수익을 하지 않고 있는 이들에 대해 그 지분에 해당하는 부당이득을 보고 있다고 보아야 한다.

이러한 공유물 사용, 수익은 관리행위에 해당되는데, 공유물 관리에 관한 사항은 공유자 지분의 과반수의 동의를 얻어야 한다.

일부 지분공유자가 점유하는 경우 다른 공유지분에 대한 부당이득

다른 공유자가 점유하고 있는 경우에는 다른 공유자가 자기 지분을 초과하는 비율에 대해서 부당이득을 보게 되는 것이므로 그 부당이득 부분에 대해 청구가 가능하고, 지분경매 절차에서 종전 채무자(지분경매에서 채무자)와 특약이 있는 경우 그 특약을 승계한다고 보고, 특약이 없었던 경우에는 협의해 주택의 지분 비율에 해당하는 임료(부당이득에 상응하는 임료)청구가 가능할 것이다.

협의가 이루어지지 못하면 법원에 임료청구 소송을 통한 판결로 임료를 청구하면 되는데, 이 임료를 지급하지 않는 경우 그 공유자의 지분에 대해서 강제경매를 신청하고 공유자로서 공유자가 우선매수권을 신청하면, 그 지분을 낮은 가격으로 취득할 수 있는 기회도 얻을 수 있다.

지분경매에서는 공유자가 우선매수할 것을 예상하거나 매매나 사용·수익 등의 관리에 많은 제약이 따르므로 입찰가가 낮아지지만, 공유자가 나머지 공유지분을 매수하면 공유물 전체 소유권을 취득하게 되어 공유지분권자의 지위보다 높은 기대수익이 예상된다.

공유물의 처분, 변경과 관리행위 및 보존행위

1. 공유물의 처분, 변경과 그 범위

공유물은 다른 공유자의 동의 없이 공유물 전체를 처분하거나 변경할 수 없다(민법 제264조). 공유자는 각자의 지분을 자유롭게 처분할 수 있지만, 공유물 자체의 처분이나 변경은 다른 공유자 전원의 동의가 있어야 한다. 왜냐하면, 공유자 1인이 공유물을 마음대로 처분하거나 변경하게 된다면 다른 공유자의 권리를 침해하게 되는 것이기 때문이다. 여기서 처분행위는 공유물을 양도하거나 물권을 설정하는 행위를 말한다. 공유자 1인이 공유물 전부를 처분한 경우, 자기 지분에 대해서는 유효하지만, 다른 공유지분에 대해서는 타인의 물건을 처분한 것이 되어 무효가 된다.

공유물의 변경은 공유물에 대한 사실상의 물리적인 변화를 가져오는 것을 말한다. 이때 다른 공유자는 그 변경행위에 대해서 금지를 요구할 수 있다.

2. 공유물의 관리행위와 그 요건

공유물의 관리하는 행위는 공유자 지분의 과반수로 결정되지만, 보존행위는 각 공유자가 단독적으로 할 수 있다(민법 제265조). 관리행위란 공유물의 처분이나 변경에 이르지 않을 정도의 이용이나 개량하는 행위를 말한다. 이와 같은 행위는 과반수의 동의로 결정되지만, 1인 지분이 과반수면 단독적으로 관리행위를 할 수 있다.

그러나 이는 임의규정이므로 공유자 간에 다른 관리 방법을 정한 경우, 즉 2/3 이상의 찬성으로 관리행위를 할 수 있다고 결정한 경우에는 그 결정이 우선한다.

이러한 관리행위는 타인에게 임대하거나 공유자 중 1인이 공유물을 사용하게 하는 등 공유물을 어떻게 사용, 수익할 것인가를 결정하는 것이 대부분이다.

부동산에 과반수 공유지분을 가진 자는 공유자 사이에 공유물의 관리 방법에 협의가 미리 없었다 하더라도 공유물의 관리에 관한 사항을 단독으로 결정할 수 있으므로, 과반수 지분권을 가진 자가 그 공유토지의 특정된 한 부분을 배타적으로 사용·수익할 것을 정하는 것은 공유물의 관리 방법으로써 적법하다(대법88다카33855).

3. 공유물의 보존행위와 그에 기한 공유방해배제청구 또는 공유물반환청구

공유물의 보존행위는 공유물의 멸실, 훼손을 방지하고 그 현상을 유지하기 위해서 하는 행위다. 사실적 행위는 물론, 법률적인 행위도 포함된다. 보존행위는 단독으로 할 수 있으므로 보존행위로 제기하는 방해배제청구나 공유물반환청구는 필수적 공동 소송이 아니다.

공유물에 대한 제삼자의 방해 등에 방해배제나 공유물 반환을 청구하는 것은 물론, 공유자 1인이 배타적, 독립점 사용·수익 행위에 대한 다른 공유자의 방해배제나 반환청구 역시 공유물에 대한 보존행위에 속한다. 지분을 소유하고 있는 공유자나 그 지분에 관한 소유권이전등기청구권을 가지고 있는 자라고 할지라도 다른 공유자와의 협의 없이는 공유물을 배타적으로 점유하고 사용·수익할 수 없는 것이므로, 다른 공유권자는 자신이 소유하고 있는 지분이 과반수에 미달되더라도 공유물을 점유하고 있는 자에 공유물의 보존행위로서 공유물의 인도나 명도를 청구할 수 있다(대법93다9392, 9408).

공유물에 대한 임대차계약 체결 및 해지와 인도청구 방법

주택이 공동소유일 경우 임대차계약은 공유지분의 과반수의 동의를 얻어서 체결하는 경우, 그 효력은 전체에 미친다.

1. 공유물에 대한 임대차계약 체결

① 과반수의 공유 지분권자 또는 과반수의 동의로 임대차계약을 체결한 경우

동의는 구두로 추인을 받은 경우에도 유효하다. 다만 분쟁 시 입증책임이 어렵기 때문에 위임장과 인감증명서 등을 첨부해놓아야 한다. **과반수**(50%가 아니라 절반을 초과하는 수, 즉 50.01% 이상)의 지분을 가진 자 또는 과반수의 동의를 얻어 행한 공유물의 관리행위는 동의하지 않은 다른 공유자와 공유물의 관리 방법에 대해서 협의가 없었더라도 적법하므로, 이들과 공유물의 계약을 체결한 임차인은 주임법 및 상임법상 적법한 임차권을 갖게 되어 동의하지 않은 다른 공유자에게도 대항력을 행사할 수 있다.

② 과반수 미만의 공유지분권자와 임대차계약을 체결한 경우

과반수의 동의를 갖추지 못한 임대차는 주임법 또는 상임법상 적법한 임대차의 효력을 가지지 못하게 되어 주임법 또는 상임법상 대항력, 최우선변제금, 확정일자 우선변제권 등이 인정되지 못하고, 동의하지 않은 공유지분권자 등에게 대항력이 없다. 단지 계약당사자 간에서만 민법상 유효한 임대차관계가 성립하게 된다(민법 제618조).

③ 관리행위와 임대차의 효력

관리, 권한 위임을 해지당하기 전에 한 건물 사용대차 계약에 관한 임대차의 효력 공유건물에 대한 관리의 위임을 받은 자가 그 관리, 권한 위임을 해지당하기 전에 한 건물 사용대차 계약은 관리, 권한 위임을 해지당한 후에 당연히 실효되는 것이 아니다(대법67다2442).

④ 공유지분의 임대차계약에서 유의할 점

소유자들 간의 분쟁으로 인해 문제가 발생할 경우 계약서에 "이 계약과 관련해 소유자 간의 분쟁으로 인해 임차인이 입게 될 손해에 대해서는 전적으로 갑이 책임진다"라는 약정이 없는 경우 임대차계약에 동의한 지분권자 갑·을·병 모두에게 대항할 수 있지만, 계약서에 본 계약 내용에 소유자 간의 분쟁으로 인해 임차인이 입게 될 손해에 대해서는 전적으로 갑이 책임을 지기로 하는 특별한 약정을 한 경우라면, 갑에 대해서만 그 권리를 주장할 수 있는 경우가 발생될 수 있다.

따라서 공유지분의 과반수 동의로 계약을 하는 경우는 이와 같은

특약을 하지 않아야 전체에 대해 임차인의 권리를 주장할 수 있다.

2. 공유물의 임대차계약 해지 방법

임대차계약의 해지 행위도 공유물의 관리행위로 공유자 지분의 과반수로 결정된다. 공유자가 공유물을 타인에게 임대하는 행위 및 그 임대차계약을 해지하는 행위는 공유물의 관리행위에 해당하므로 민법 제265조 본문에 의해 공유자 지분의 과반수로써 결정해야 한다.

상임법이 적용되는 상가건물의 공유자인 임대인이 같은 법 제10조 제4항에 의해 임차인에게 갱신 거절의 통지를 하는 행위는 실질적으로 임대차계약의 해지와 같이 공유물의 임대차를 종료시키는 것이므로 공유물의 관리행위에 해당해 공유자의 지분의 과반수로써 결정해야 한다(대법2010다37905).

3. 채무자, 다른 공유자, 임차인 등이 공유물을 점유하고 있는 경우 인도 청구

공유지분 과반수 소유자의 공유물 인도 청구는 민법 제265조의 규정에 따라 공유물의 관리를 위해 구하는 것으로서 그 상대방인 타 공유자는 민법 제 263조의 공유물의 사용·수익권으로 이를 거부할 수 없다(대법81다653).

① 종전 공유자였던 채무자가 점유하고 있는 경우

공유지분경매 등의 절차에서 종전 공유자였던 채무자가 점유하고 있는 경우 그의 공유물의 점유 사용이 공유자인 지위에 기한 것이며 경매로 그 지위를 상실하고 매수인이 그 지위를 승계하게 되므로 매수인은 보존행위로서 채무자를 상대로 하는 인도명령 신청이 가능하다.

② 채무자가 아닌 다른 공유자가 점유하고 있는 경우

매수인이 취득한 공유지분이 과반수면 보존행위 여부와 상관없이 관리행위로서 인도명령 신청이 가능하고, 과반수 미만이면 인도명령을 신청할 수 없다.

③ 채무자가 아닌 임차인이 점유하고 있는 경우

매수인의 지분이 과반수 이상이고, 매수인에게 대항력이 없는 임차인 매수인(=낙찰자)의 지분이 과반수 이상이고, 주택에 점유하고 있는 자가 매수인에게 대항력이 없는 경우(말소기준 권리 이후에 대항요건을 갖춘 경우), 임대차계약의 해지 행위도 공유물의 관리행위로 공유자 지분의 과반수로 결정(대법2010다37905)되기 때문에 인도명령을 청구할 수 있다. 이 경우, 매수인은 인도명령을 통해서 강제집행을 해서 인도받고, 매수인에 대항력 없는 임차인은 다른 공유자에 대해서 보증금 반환청구를 할 수 있는데, 보증금 반환을 이행하지 않으면 보증금 반환청구 소송을 통해서 강제경매를 신청하게 되고, 그 경매 절차상에서 공유자우선 매수신청을 하면 전체 공유지분을 낮은 가격으로 매수할 수 있다. 매수 지분이 과반수 이상이고, 임차인이 대항력이 있는 경우 과반수 이상이더라도 매수인에게 대항력이 있는 임차인 등은 인도명령을 청구할 수 없다. 대항력이 있는 임차인이 있는 경우 매수인은 임차인의 권리를 인수해야 한다.

이때 인수금액은 자기 지분 비율만큼 인수하게 되나 대항력 있는 임차인으로부터 주택을 인도받기 위해서는 자신의 지분 비율만큼 인수해서 인도를 청구할 수 있는 것이 아니라 전체 임차보증금을 지급해야만 주택 인도를 청구할 수 있다.

이는 공동임대인이 임차인에 대해서 부담하는 임차보증금 반환 의무는 불가분의 관계에 있기 때문이다(대법67다328)(민법 제409조 불가분채권).

다만 매수인은 자기 지분을 벗어나는 임차보증금에 대해서 나머지 다른 공유자에게 구상권을 청구할 수 있을 것이다. 그런데 매수 지분에서 이미 배당받은 금액이 있으면 그 배당금액을 제외한 금액이 인수대상이 된다. 매수인의 지분이 과반수 미만인 경우에 인도명령을 청구할 수 없다.

④ 단독소유자와 계약체결 후 그 토지에 다른 공유자가 생긴 경우

단독으로 토지를 소유하고 있을 당시에 그 소유자로부터 토지에 대한 사용·수익권을 부여받았다 하더라도 그 후 그 토지에 다른 공유자가 생겼을 경우, 그 사용·수익이 지분 과반수로써 결정된 공유물의 관리 방법이 아닌 이상 그 사용·수익권을 가지고 새로이 지분을 취득한 다른 공유자에 대해서는 이를 주장할 수 없다(대법89다카19665, 65다2618).

이 판례 내용은 일단 민법상의 임대차계약에 관한 사항이므로 그 임대차가 주임법 또는 상임법의 적용을 받는 임차인이라면 대항력이

있다는 것을 주의해서 분석해야 된다.

공유물의 일부 지분권자가 다른 지분권자를 대위해 임차보증금을 지급한 경우

공동임대인 중 일부 지분권자가 임차인의 보증금을 대위해 지급한 경우, 나머지 지분권자에게 보증금을 구상권 청구할 수 있다.

1. 공동임대인 임차인에 대해 부담하는 임차보증금 반환 의무는 그 성질상 불가분이므로(대법67다328)**, 공동임대인 중 1인의 공유지분에 대한 경매 절차에서 주택 전체 임차인의 보증금은 경매 법원의 지분 비율에 따라 해당하는 금원만을 배당하는 것이 아니라 전액 배당해야 한다. 다만 집행채무자**(지분경매에서 채무자)**는 공동임대인인 다른 공유자에게 그 지분에 상응하는 금원에 대한 구상권을 청구할 수 있다.**

2. 지분경매의 배당순위는 후순위임차인에게 남은 재원이 있을 때 순위에 따라 배당이 가능하다.

3. 배당받지 못한 임차인의 보증금의 경우 대항력이 없는 임차인은 공동임대인(=공동채무자)**인 다른 공유자 등에게 청구가 가능하고, 대항력이 있는 임차인은 낙찰자가 인수하게 되는데 인수금액은 지분경매 비율만큼 인수하게 되고, 나머지 금액은 다른 공유자가 부담하게 된다. 이를 대위 지급한 자는 다른 공유자에게 구상권을 청구할 수 있다.**

4. 지분경매의 경우, 지분 부동산에 선순위저당권이 등기되어 있으면 후순위 임차인은 그 지분만큼 보증금의 손실을 가져올 수 있을 것이다.

공유물의 지분경매에서 배당 방법과 후순위 채권자 및 매수인의 대위행사

1. 공동임대인 중 일부의 공유지분이 경매가 진행되는 경우, 즉 공유지분 중 2분의 1에 대한 경매라 해도 공동임대인의 보증금 반환채무는 불가분채권이므로 경매 대상 공유지분인 2분의 1 부분만 배당받는 것이 아니고, 전액 배당 신청하고 전액 배당받을 수 있다. 그리고 소액임차인의 판단도 경매가 진행되는 2분의 1을 기준으로 하는 것이 아니라, 임차보증금 전액을 기준으로 소액임차인 여부를 판단하게 된다.

2. 후순위 채권자들은 배당순위에 따라 배당을 실시한다. 1항의 사유로 못 받은 배당금은 1항에서 초과 배당으로 부당이득을 보게 된 나머지 공유지분권자에게 구상권을 청구하게 될 것이다.

3. 대항력이 있는 임차인이 있는 경우 매수인은 임차인의 권리를 인수해야 한다.

이때 인수금액은 자기 지분 비율만큼 인수하게 되나 대항력 있는 임차인으로부터 주택을 인도받기 위해서는 자신의 지분 비율만큼 인수해서 인도를 청구할 수 있는 것이 아니라 전체 임차보증금을 지급해야만 주택 인도를 청구할 수 있다.

이는 공동임대인이 임차인에 대해 부담하는 임차보증금 반환의무는 **불가분의 관계에 있기 때문이다**(대법67다328)(민법 제409조 불가분채권).

다만 매수인은 자기 지분을 벗어나는 임차보증금(다른 공유자의 1/2 지분)**에 대해서 나머지 공유자에게 구상권을 청구할 수 있을 것이다.**

4. 선순위 공동 저당권자가 공동저당의 목적인 채무자와 물상보증인의 공유 지분 중 '물상보증인의 공유지분'에 대해 먼저 경매가 실행되어 그 경매 대금배당 및 임의변제로 피담보채무가 소멸하자 '채무자의 공유지분'에 대한 저당권 설정등기의 말소등기를 한 사안에서, 그 말소등기는 아무런 권원 없이 마쳐져 무효이므로 '물상보증인의 공유지분'에 대한 후순위저당권자는 물상보증인을 대위해 채무자에게 말소된 선순위저당권 설정등기의 회복등기 절차 이행을 구할 수 있다고 한 사례(부산지법2008가단165261).

농지나 임야의 경우 지분경매일 때

1. 직사각형 토지에 남측만 도로에 접해 있을 때 A와 B가 2분의 1씩 지분을 공유했는데 A가 경매가 된 경우에는 완전히 동등한 권리를 행사한다. 지분거래 시 다른 지분권자의 동의가 필요 없고 허가 구역인 경우 시·군·구청의 허가만 받으면 된다.

2. 공유지분인 경우도 농지자격증명 취득이 가능한지 여부

공유지분일지라도 농지자격증명 취득이 가능하다. 또한, 공동 소유로 구입하는 경우도 가능하다.

3. 토지거래허가구역 내에서 다른 지분권자의 동의를 받아야 매매가 가능한지 여부

토지거래허가구역 내에서는 지분거래는 되지 않는다. 지분거래를 위해서는 다음의 3가지 방법이 있다.

첫째, 공유자와 협의 분할한 후 거래하는 방법, 둘째, 다른 공유자 지분을 매입 후 일단의 필지로 거래하는 방법, 셋째, 공유자의 토지 사용승낙(농지의 경우 임대차계약)을 받아 지분거래 하는 방법 등이 있다.

따라서 토지거래허가구역 내에서 지분거래 시에는 이 3가지 방법 모두 다른 지분권자의 협의 또는 동의가 전제되어야만 통지거래 허가를 받을 수 있다. 지분거래 시 지분권자가 다수이거나 토지거래허가구역이라면 자금이 오랫동안 묶일 수 있으므로 장기적인 투자를 고려해서 시세보다 많이 저렴한 경우에나 투자 대상으로 삼아야 할 것이다.

그러나 경매나 공매로 취득 시에는 토지거래 허가 대상이 아니므로 지분을 구입하는 데에 문제가 없다. 다만, 구입 후 타인에게 매도하는 경우는 문제가 생길 수 있다.

지분경매에서 매수인의 인도 청구와 공유물의 관리 및 보존행위에 따른 부당이득

1. 지분경매에서 매수 지분(= 낙찰자 지분)에 기한 인도 청구 가능 여부

① 종전 공유자였던 채무자가 점유하고 있는 경우

공유지분경매 등의 절차에서 종전 공유자였던 채무자가 점유하고 있는 경우, 그의 공유물을 점유사용이 공유자인 지위에 기한 것이면 채무자는 경매로 그 지위를 상실하고 매수인이 그 지위를 승계하게 되므로, 어떤 경우는 지분경매 물건의 매수인은 보존행위 여부와 상관없이 관리행위로서 인도명령 신청이 가능하고, 어떤 경우의 지분경매 물건의 매수인은 보존행위로서만 채무자를 상대로 인도명령 신청이 가능하다.

다만 다른 공유지분권자의 지분 비율에 대해서는 부당이득을 보게 되는 것이므로 채무자와 특약이 있었던 경우에는 그 특약을 승계하면 되고, 특약이 없었던 경우에는 새로이 협의해 주택을 사용·수익하지 않는 다른 공유자의 지분 비율에 해당하는 부당이득에 대한 주택사용료(임료)를 지급해야 될 것이다.

그러나 채무자가 점유하고 있는 경우에도 그 공유물 사용이 임차권(용익권) 등에 의한 점유인 경우는 채무자가 아닌 다른 공유자가 점유하고 있는 경우와 같이 처리하면 된다.

② 채무자가 아닌 다른 공유자가 점유하고 있는 경우

매수인이 취득한 공유지분이 과반수면 보존행위 여부와 상관없이 관리행위로서 인도명령 신청이 가능하고, 과반수 미만이면 관리행위로서 인도명령을 신청할 수 없다. 이는 토지나 건물의 지분을 소유하고 있는 공유자는 다른 공유자와 협의 없이는 배타적으로 사용·수익할 수 없지만, 과반수의 지분을 소유하거나 동의를 얻은 자는 관리행위로서 임대차계약을 체결하거나 계약의 해지 또는 인도명령 신청 등이 가능하다.

그러나 자신의 지분이 과반수 미만일 경우는 공유물을 점유하고 있는 다른 공유자에 대해서 오로지 고유물의 보존행위로서만 공유물의 인도나 명도를 청구할 수 있다.

여기서 과반수 미만의 지분권자의 보존행위란, 과반수 미만의 지분을 소유하거나 과반수 미만의 동의를 얻어 점유하는 자는 적법한 관리행위(공유물의 관리행위는 공유자 지분의 과반수로 결정)에 해당되지 못해 다른 지분권자에 대항할 수 없고 보존행위로 공유물의 인도나 명도를 청구할 수 있다.

이와 같은 소수 지분권자(2분의 1 이하의 지분을 소유한 자)가 공유물을 다른 공유자와 협의 없이 일방적으로 점유하고 있는 경우, 다른 공유자는 자신의 지분이 소수지분(2분의 1 지분)이더라도 공유물을 점유하고 있는 자에 대해서 보존행위로서 공유물의 인도나 명도를 청구할 수 있다.

다만 공유물을 인도받더라도 신청인 역시 소수지분에 해당해 다른 공유자의 동의 없이는 독자적으로 사용·수익이 불가하다는 점을 고려해서 다른 소수 지분권자와 협의 또는 인도명령을 신청해야 할 것이다.

③ 공유자가 아닌 임차인 등이 점유하고 있는 경우

■ 매수 지분이 과반수 이상이고 임차인이 대항력이 없는 경우의 사례

매수인(=낙찰자)의 지분이 과반수 이상이고 주택에 점유하고 있는 자가 매수인에게 대항력이 없는 경우(말소기준 권리 이후에 대항요건을 갖춘 경우의 사례)다.

이 경우 매수인은 매수 지분을 인도명령을 통해서 강제집행해서 인도받고, 임차인은 미회수 임차보증금에 대해서 채권 불가분성에 따라 보증금 채권 전액을 나머지 공유지분권자(공동임대인)에 대해서 반환청구 할 수 있고, 지급하지 않는 경우 전세보증금 반환청구 소송을 통해

서 경매 신청을 하게 되는데, 그 경매 절차상에서 매수인이 공유자우선매수신청을 해서 전체 공유지분을 낮은 가격으로 매수할 수 있다.

알아야 할 내용

실제로 임차인에게 이런 일이 발생한다면 임차보증금은 안전할까?
앞의 사례에서 나머지 지분이 경매당하는 경우가 아니라면 모르지만, 경매당하고 그 매각 절차에서도 대항력이 없다면 채권의 손실이 발생할 수 있으므로 계약체결 당시부터 이에 대비해야 될 것이다.

① 대항력이 없어서 매수인에게 주택을 명도당한 경우에는 임차인은 대항력과 우선변제권을 상실당할 수밖에 없을 것이다. 이 경우 일반채권자의 지위에 놓일 수 있으므로 나머지 지분이 경매당하는 경우는 물론이고, 경매당하지 않는 경우도 신속하게 채권보전(채권가압류, 강제경매, 근저당권 설정 등) 절차에 임해야 한다.

② 매수인에게 주택을 명도당해서 임차인이 대항력과 우선변제권을 상실한 다음, 나머지 지분이 경매가 진행되면 임차인은 일반채권자에 해당되므로 임차인 입장에서는 매수인의 협조를 얻어서 대항요건을 상실하지 않은 상태에서 채권추심(배당요구) 절차를 진행하는 것이 좋을 것이다. 매수인 입장에서도 다른 지분이 경매가 진행되는 경우는 물론, 진행되지 않는 경우도 임차인의 채권추심 절차에 적극적으로 협력해서 임차인이 강제경매를 신청하게 된다면, 이 과정에서 공유자우선매수 신청을 통해 성공적인 투자를 할 수 있다. 이러한 상황이 독자분들에게 발생한다면 상호 협력하는 것이 좋다. 독자분들이 매수인이 될 수도 있겠지만, 반대로 임차인의 입장이 되지 않으리라는 보장은 없을 것이다.

필자로서도 이 부분은 민감한 부분이지만 기술했다. 왜냐하면, 이 책은 경매나 공매에 입찰하고자 하는 분들만을 대상으로 기술한 책이 아닌, 일반인들에게도 살아가면서 이러한 상황에 도움이 되기를 바라는 입장에서 출간하게 되었기 때문이다.

■ 매수 지분이 과반수 이상이고 임차인이 대항력이 있는 경우의 사례

과반수 이상이더라도 매수인에게 대항력이 있는 임차인 등은 인도명령을 청구할 수 없다. 대항력이 있는 임차인이 있는 경우 매수인은

임차인의 권리를 인수해야 한다. 이때 인수금액은 자기 지분 비율만큼 인수하게 되나 대항력 있는 임차인으로부터 주택을 인도받기 위해서는 자신의 지분 비율만큼 인수해서 인도를 청구할 수 있는 것이 아니라 전체 임차보증금을 지급해야만 주택 인도를 청구할 수 있다. 이는 공동임대인이 임차인에 대해 부담하는 임차보증금 반환 의무는 불가분의 관계에 있기 때문이다(대법67다328)(민법 제409조 불가분채권).

다만 매수인은 자기 지분을 벗어나는 임차보증금에 대해서 나머지 다른 공유자에게 구상권을 청구할 수 있을 것이다. 그런데 매수 지분에서 이미 배당받은 금액이 있으면 그 배당금액을 제외한 금액이 인수대상이 된다.

■ 매수 지분이 과반수 이상이고 임차인이 배당요구를 한 경우

임차인의 임차보증금 채권, 즉 소액보증금 중 일정액과 확정일자 우선 변제금을 경매 지분 비율에 해당되는 비율만큼만 배당받게 되는 것이 아니라 전액 우선변제 받게 된다. 이는 공동임대인이 임차인에 대해 부담하는 임차보증금 반환 의무는 불가분의 관계에 있기 때문이다(대법67다328).

인도명령 청구

매수인의 지분이 과반수 미만인 경우에는 임차인이 과반수의 지분과 임대차계약을 체결한 경우, 동의하지 않은 다른 공유자에게도 그

효력을 주장할 수 있어 매수 지분에 대해서 대항력이 있든, 없든(말소기준보다 선순위든, 후순위든) 간에 인도명령을 청구할 수 없다.

임차인이 매수인에게 대항력이 있는 경우

임차보증금의 인수 범위는 매수 지분 비율에 따라 결정된다.

임차인이 매수인에게 대항력이 없는 경우

매수 지분에 대해서 소멸된다.

① 매수 지분이 과반수 미만(3분의 1지분)이고, 매각되지 아니한 다른 지분이 과반수라면 인도명령을 청구할 수 없다.

임차인이 배당요구를 하지 않은 경우는 물론, 배당요구한 경우에도 미배당금은 매수인의 인수 대상이 아니고, 다른 공유자들이 채권 불가분성에 따라 임차보증금 전액을 부담하게 된다.

임차인이 대항력이 없어서 매수인은 매수 이후 매수 지분 비율에 해당하는 부당이득금을 청구할 수 있는데, 임차인이 배당받았다면 그 배당금액에 대해서는 임차인에게, 배당받지 못한 경우에는 다른 공유자들에게 청구가 가능할 것이다.

② 매수 지분이 2분의 1지분(과반수 미만)권자의 권리

2분의 1지분 매수자에 대해, 전체의 임차인은 자신의 권리(2분의 1지분에 대한 권리)가 소멸되고, 다른 지분권자(2분의 1지분)에 대해서만 임차인

의 권리가 존속하게 되는데, 다른 지분권자 역시 과반수에 도달하지 못하게 되므로 낙찰자는 관리행위에 의한 인도 청구는 불가하지만 보존행위로서 임차인에게 인도명령을 신청할 수 있다고 보아야 될 것이다. 즉 2분의 1지분에 등기된 채권에 의해서 경매 처분되기 전 또는 일반매매로 거래 시에는 전체 지분에 대해서 주임법상 대항력과 우선변제권이 있지만, 경매 처분 이후부터는 경매된 지분에 대해서 임차인의 권리가 소멸되므로 처음부터 다른 지분(경매된 지분 이외의 2분의 1)권자와 임대차계약을 체결한 것과 같아서 적법한 관리행위에 해당되지 못해 주임법상 대항력과 확정일자부 우선변제의 권리를 주장할 수 없고, 일반채권자의 지위에 놓이게 된다는 점에 유의해야 한다.

이러한 논리적 근거는 다음과 같다.

i) 2분의 1 지분권자의 다른 2분의 1 지분권자에 대한 공유물 인도 청구(=적극)(대법2002다57935)

ii) 소수 지분권자(3분의 1)의 다른 소수 지분권자(3분의 1)에 대한 공유물 인도 청구(=적극)(대법93다9392)

iii) 소수 지분권자의 임대행위로 다른 공유자에게 반환해야 될 부당이득(대법91다23639)

매수인의 지분이 과반수 미만인 경우라도 인도명령을 청구할 수 있는 경우

1/2 이하 지분권자와 임대차계약을 체결한 임차인(과반수 미만의 지분권자와의 임대차계약)은 그 임대차를 가지고 동의하지 않은 다른 지분권자에 대항할 수 없으므로 보존행위로서 인도명령을 청구할 수 있고, 매

각 절차에서도 그 임대차계약서만 가지고 배당요구가 불가하다. 여기서 배당요구는 2가지 관점에서 살펴보아야 될 것이다.

첫 번째로 전체지분이 매각되는 경우에는 임차인이 임대인(채무자) 지분에 별도 가압류하지 않는 한 배당요구가 불가하고, 가압류한 경우도 그 지분에서만 일반채권자와 동 순위가 되지만 우선변제권은 없게 된다. 두 번째로 임대인이 아닌 다른 지분매각 절차에서는 배당요구 자체가 불가하다.

이는 과반수 미만의 임대차의 효력은 계약당사자에게만 미치고, 다른 지분에 효력을 미치지 못하는 일반채권자에 불과하기 때문에 주임법 또는 상임법상의 대항력과 우선변제권이 발생되지 못하기 때문이다.

이러한 임대차에서 매수인이 전체지분을 매수한 경우, 임대인 지분만 매수한 경우, 다른 지분만 매수한 경우 모두 대항력이 인정되지 못해 매수인은 인도명령을 청구할 수 있다.

공유물 관리 및 보존행위와 매수지분에 기한 인도청구 가능 여부에 관한 판례

공유물 관리 및 보존행위

갑 1/3	을 1/3	병 1/3

① 공유물을 타 지분권자의 동의 없이 독점 사용 가능 여부와 독점 사용 시 배제 청구 가부

ⓐ 공유자 사이에 공유물을 사용·수익할 구체적인 방법을 정하는 것은 공유물의

관리에 관한 사항으로서 공유자의 과반수(50.01%)로써 결정할 것임은 민법 제265조가 규정한 바로서, 공유물의 지분권자(과반수 미만의 지분권자인 갑 1/3, 을 1/3, 병 1/3)는 타 지분권자와의 협의가 없는 한 그 공유물의 일부라 하더라도 이를 자의적·배타적으로 독점 사용할 수 없고, 나머지 지분권자는 공유물 보존행위로서 그 배타적 사용의 배제를 구할 수 있다.

ⓑ 같은 취지에서 신청인(그 사용배제를 신청한 지분권자)에게 이 사건 토지 중 계쟁 부분을 독점적·배타적으로 점유·사용할 권원이 없다고 보고, 이 사건 가처분신청을 배척한 원심의 조치는 정당한 것으로 수긍이 가고, 한편 신청인이 공유물의 지분권자가 공유물의 보존행위로서 공유물의 일부를 독점적·배타적으로 점유·사용하던 자를 배제하고 확정판결의 집행을 통해 그 부분을 인도받았다고 하더라도 그러한 사실만으로 위 지분권자에게 이에 대한 독점적·배타적 사용·수익권이 인정되는 것은 아니다(대법92마290)

② 공유자 1인의 공유물에 대한 배타적 사용의 가부

부동산의 공유자는 그 공유물의 일부라 하더라도 협의 없이 이를 배타적으로 사용·수익할 수는 없는 것이므로 원·피고와 소외인들의 공동상속재산인 이 사건 건물에 관한 피고의 배타적 사용은 공유지분 과반수의 결의에 의한 것이 아닌 한 부적법하다(대법81다454).

③ 공유물의 본질적 변화는 다수지분권자의 관리행위에 해당되지 않는다.

과반수의 지분을 가진 공유자가 그 공유물의 특정 부분을 배타적으로 사용·수익하기로 정하는 것은 공유물의 관리 방법으로서 적법하며, 다만 그 사용·수익의 내용이 공유물의 기존의 모습에 본질적 변화를 일으켜 '관리' 아닌 '처분'이나 '변경'의 정도에 이르는 것이어서는 안 될 것이고, 예컨대 다수 지분권자라 해서 나대지에 새로이 건물을 건축한다든지 하는 것은 '관리'의 범위를 넘는 것이 될 것이다(대법2000다33638, 33645).

다수지분권자의 다른 소수지분권자에 대한 공유물 인도청구(=적극)

갑 3/5	을 1/5	병 1/5

① 다수지분권자의 소수지분권자에 대한 인도청구와 부당이득의 범위

ⓐ 부동산에 관해 과반수 공유지분을 가진 자(갑 3/5 지분)는 공유자 사이에 공유물의 관리 방법에 관해 협의가 미리 없었다 하더라도 공유물의 관리에 관한 사항을 단독으로 결정할 수 있으므로 공유 토지에 관해 과반수 지분권을 가진 자가 그 공유 토지의 특정된 한 부분을 배타적으로 사용·수익할 것을 정하는 것은 공유물의 관리 방법으로서 적법하다.

ⓑ 위 ⓐ항의 경우 비록 그 특정된 한 부분이 자기의 지분 비율에 상당하는 면적의 범위 내라 할지라도 다른 공유자들 중 지분은 있으나 사용·수익은 전혀 하고 있지 아니함으로써 손해를 입고 있는 자에 대해서는 과반수 지분권자를 포함한 모든 사용·수익을 하고 있는 공유자는 그자의 지분에 상응하는 부당이득을 하고 있다고 보아야 할 것인바, 이는 모든 공유자는 공유물 전부를 지분의 비율로 사용·수익할 수 있기 때문이다(대법 88다카33855).

② 공유지분 과반수 소유자의 공유물인도청구

공유지분 과반수 소유자의 공유물인도청구는 민법 제265조의 규

정에 따라 공유물의 관리를 위해 구하는 것으로서 그 상대방인 타 공유자는 민법 제263조의 공유물의 사용·수익권으로 이를 거부할 수 없다(대법81다653).

소수지분권자(갑 1/3)의 다른 소수비준권자(을 1/3)에 대한 공유물 인도청구(=적극)

갑 1/3	을 1/3	병 1/3

지분을 소유하고 있는 공유자나 그 지분에 관한 소유권이전등기청구권을 가지고 있는 자라고 할지라도 다른 공유자와의 협의 없이는 공유물을 배타적으로 점유해 사용·수익할 수 없는 것이므로, 다른 공유권자는 자신이 소유하고 있는 지분이 과반수에 미달되더라도 공유물을 점유하고 있는 자에 대해 공유물의 보존행위로서 공유물의 인도나 명도를 청구할 수 있다(대법93다9392, 9408).

- 1/2 지분권자의 다른 1/2 지분권자에 대한 공유물 인도청구(=적극)

갑 1/2	을 1/2

물건을 공유자 양인이 각 1/2 지분씩 균분해 공유하고 있는 경우 1/2 지분권자로서는 다른 1/2 지분권자와의 협의 없이는 이를 배타적

으로 독점 사용할 수 없고, 나머지 지분권자는 공유물 보존행위로서 그 배타적 사용의 배제, 즉 그 지상건물의 철거와 토지의 인도 등 점유배제를 구할 권리가 있다(대법2002다57935).

한편 점유배제 신청인 역시 공유물의 지분권자가 공유물의 보존행위로서 공유물의 일부를 독점적, 배타적으로 점유·사용하던 자를 배제하고 확정판결의 집행을 통해 그 부분을 인도받았다고 하더라도 그러한 사실만으로 위 지분권자에게 이에 대한 독점적·배타적 사용·수익권이 인정되는 것은 아니다(대법92마290).

공유물 점유 또는 임대행위에 따른 부당이득금 반환에 관한 판결례

1. 토지와 건물을 각 1/3씩 공유 관계에서 1/3 지분권자가 전부를 점유하는 경우, 부당이득금의 범위(대법 2006다49307, 49314)

갑 1/3	을 1/3	병 1/3

① 공유물의 구체적인 사용·수익의 방법에 관해 공유자들 사이에 지분의 과반수의 합의 없이 공유자 중 1인이 이를 배타적으로 점유·사용하고 있는 경우, 다른 공유자에 대해 그 지분에 상응하는 부당이득을 취하고 있는 것인지 여부(적극)

② 공동상속인 중의 1인이 상속재산인 건물에 거주함으로써 상속

재산인 그 건물 부지를 사용·수익하고 있는 경우, 그 사용·수익이 공유지분 과반수의 결의에 기한 것이라는 등의 특별한 사정이 없다면, 위 공동상속인은 건물뿐만 아니라 토지에 관해서도 다른 공동상속인의 공유지분에 해당하는 부분을 부당이득으로서 반환해야 한다고 본 사례

이 사례는 토지와 건물을 3인이 각 1/3씩 공동상속한 공유 관계로, 그들 중 일부인 1/3지분권자가 토지와 건물 전체를 점유하고 있는 경우, 점유하지 않고 있는 다른 공유자에게 건물분만 아니라 토지분에 대해서도 부당이득을 보고 있는 것에 해당되어 부당이득으로서 반환해야 한다고 본 사례다.

2. 여러 사람이 공동으로 타인의 재산을 사용한 경우의 부당이득 반환채무

여러 사람이 공동으로 법률상 원인 없이 타인의 재산을 사용한 경우의 부당이득 반환채무는 특별한 사정이 없는 한 불가분적 이득의 반환으로서 불가분채무이고, 불가분채무는 각 채무자가 채무 전부를 이행할 의무가 있으며, 1인의 채무이행으로 다른 채무자도 그 의무를 면하게 된다(대법2000다13948).

① 과반수 지분을 갖지 못한 공유자가 부동산을 임의로 타에 임대한 경우 타 공유자에 대한 부당이득 또는 불법행위의 성부(적극)

- 부동산의 1/7 지분 소유권자가 타 공유자의 동의 없이 그 부동산을 타에 임대해 임대차보증금을 수령했다면, 이로 인한 수익 중 자신의 지분을 초과하는 부분에 대해서는 법률상 원인 없이 취득한 부당이득이 되어 이를 반환할 의무가 있고, 또한 앞의 무단임대행위는 다른 공유지분권자의 사용, 수익을 침해한 불법행위가 성립되어 그 손해를 배상할 의무가 있다.

② 앞의 '①'항의 경우 반환 또는 배상해야 할 범위는 앞 부동산의 임대차로 인한 차임 상당액이라 할 것으로서 타 공유자는 그 임대보증금 자체에 대한 지분 비율 상당액의 반환 또는 배상을 구할 수는 없다.

- 원고 공유지분 비율에 상응하는 금액을 이득액 또는 손해액으로 보아야 한다는 것이나, 이는 독단적 견해로서 채용할 바 못 된다.

  피고가 받은 전세보증금은 장차 입주자(임차인)에게 반환할 성질의 돈이어서 피고가 그 보증금 전액을 현실적으로 이득하고 있다 할 수도 없는 것이다.

③ 앞의 '①'항의 경우 보존행위를 하기 위한 전제로서 공유자가 수령한 임대차보증금 중 자신의 지분 비율 상당액의 지급을 구할 수 있는지 여부(소극)

- 앞의 '①'항의 경우 공유물의 보존행위란 공유물의 현상을 유지하기 위해 이를 침해하는 제삼자에게 그 배제를 구하는 행위를 말하므로 그 행위의 전제로서 공유자가 수령한 임대차보증금 중 자신의 지분 비율 상당액의 지급을 구할 수 없다.

  피고의 임대차계약은 공유지분 과반수의 동의 없이 이루어진 것으로서 무효이므로 앞의 임대차보증금 중 원고의 지분 비율에 상응하는 금액을 부당이득 또는 불법행위로 인한 손해배상으로서 구할 수 있어야 한다는 것이나, 앞의 계약이 무효라는 점을 들어 임차인들에게 건물 명도를 구함은 별론으로 하더라도, 이 사건에서 계약당사자가 아닌 원고가 공유자라는 이유만으로 자신의 공유지분에 해당하는 보증금액의 지급을 피고에게 요구할 수는 없다 할 것이다.

토지 사용에 대한 배제 신청 및 부당이득 반환(자료) 청구

① 공유물의 토지에서 과반수 미만의 지분권자가 단독적으로 토지 전체를 사용하는 경우 과반수의 소유자는 관리행위로 토지 인도(배제신청)를 청구할 수 있고, 과반수 미만이라면 공유물 보존행위로서 그 배타적 사용의 배제, 즉 토지 인도를 청구할 수 있다.

② 토지상 건물 소유자가 토지 사용권원이 없다면(법정지상권 등이 성립되지 아니하면) 토지 인도 및 건물 철거 소송을 청구해 그 배타적 사용을 배제시킬 수 있다.

토지 사용에 대한 부당이득 반환청구권(토지 사용료, 지료 청구)

- 토지 사용권원이 있는 경우(법정지상권이 성립되는 경우)는 물론, 사용권원이 없더라도 협의에 의해서 지료를 청구할 수 있다.
- 타인 소유의 토지 위에 권원 없이 건물을 소유하고 있으나 실제로 이를 사용·수익하지 않고 있는 경우, 부당이득 반환의무의 유무(적극)(대법98다2389)

• 대지권이 없는 아파트 소유자가 아파트 부지를 불법점유하는 것인지 여부(적극) 및 그 불법점유로 인한 부당이득의 범위(아파트의 대지권으로 등기되어야 할 지분에 상응하는 면적에 대한 임료 상당의 부당이득을 얻고 있다)(대법91다40177)

① 지료 결정 방법

- 지료 청구의 산정 기준은 나대지 상태에서 판단하게 된다.
- 지료에 관해서는 당사자 간의 합의에 의해서 정하는 것이 원칙이다. 당사자 간 합의가 안 되는 경우 → 법원에 지료 청구 소송을 제기한다(이때 지료는 토지 소유자가 청구하는 것으로 7% 선에서 청구하는 것이 보통이나 그 이상을 청구하기도 한다).
- 그러나 법원이 지료를 결정 시에는 감정평가사를 통해서 평가된 금액을 기준으로 지료를 재산정하는 절차를 진행하게 된다(감정평가사가 대지가격을 나대지 상태의 가격으로 산정하게 되는데 감정가액의 5~7% 정도가 된다).

지료를 토지감정평가금액의 7%로 결정한 바 있고(대법88다카18504), 광주지법은 2005년 6월 1일 지료를 5%로 결정한 바도 있다(광주지법2004나10097).

최근 들어 지료는 점차 현실화되어 감정가 또는 시세의 5~7%를 인정하는 추세로, 법원마다 다소 유연하게 결정되고 있으나 대부분이 5~5.5% 선에서 결정되고 있다. 시세를 확인하기가 곤란하고 다툼이 예상되는 경우, 법원은 감정가금액을 기준으로 지료를 판단하게 된다.

- 지료는 법정지상권이 성립한 날로부터 지급해야 된다.
- 지료 연체 시(법원 판결된 지료를 2년 이상 연체 시(이때 2년 연체는 연속해서가 아니라 2회 이상)에는 토지 소유자는 법정지상권의 소멸을 청구할 수 있다.

② 지료 지급에 대한 약정이 없는 경우

민법 제366조 단서의 규정에 의해 법정지상권의 경우, 그 지료는 당사자의 협의나 법원에 의해 결정하도록 되어 있는데, 당사자 사이에 지료에 관한 협의가 있었다거나, 법원에 의해 지료가 결정되었다는 아무런 입증이 없고 법정지상권에 관한 지료가 결정된 바 없다면, 법정지상권자가 지료를 지급하지 않았다고 하더라도 지료 지급을 지체한 것으로는 볼 수 없으므로, 법정지상권자가 2년 이상의 지료를 지급하지 아니했음을 이유로 토지 소유자의 지상권 소멸청구는 이유가 없다는 것이 당원의 견해다(대판 1994. 12. 2. 선고 93다52297).

③ 사유 토지를 포장해 불특정 다수인이 통행하는 도로로 사용하는 경우

도로관리청이 토지 사용에 부당이득반환책임이 있으므로 도로관리청을 상대로 부당이득반환청구 소송을 제기하면 감정평가를 실시해 과거 5년분(공법상 부당이득반환청구권의 시효가 5년이므로)의 지료까지 청구할 수 있을 것이다.

④ 지료 청구에 대한 판례(광주지법2004나10097)

원고(토지 소유자)는 감정평가액의 연 8%의 지료를 청구했고, 법원은 1심에서 연 5%로 판결했다. 피고(법정지상권자)가 너무 높다고 항소했으나 항소심에서 5%로 재판상 화해조정으로 결정된 판결이다.

⑤ 지료 청구에 따른 수익률

지상에 건물이 있는 토지로 토지만 경매로 매각된 경우, 토지감정가는 건물이 있음으로 해서 나대지보다 저감해 평가하게 되므로 토지 매수 이후 재감정을 통해서 지료를 산정하게 된다면 수익률은 높아지게 된다.

만일 지상에 건물이 있는 토지가 감정가 5억 원을 최초가로 진행하게 된다면, 지상에 건물이 존재하므로 반값 이하, 즉 2억 5,000만 원 이하로 매각될 수 있다.

이 경우 토지 매수자가 지료 청구 시 경매감정가의 5%를 법원이 결정한다 해도 5억 원에 대한 5%는 2,500만 원이므로 매수 시 금액 대비 연 10%의 수익률이 보장되나, 나대지 상태에서 재감정해서 지료가 결정된다면, 연 12% 정도의 수익률이 보장될 것으로 예상된다.

⑥ 구분건물에서 분리처분된 토지공유지분과 특정 전유 부분 사이의 상호관련성을 인정해, 특정 전유 부분 소유자는 토지공유지분을 분리취득한 공유지분권자에게 그에 상응하는 임료 전부를 부당이득으로 반환해야 한다고 한 사례(대법2005다15048)

- 피고 2는 이 사건 다세대주택 중 4층 401호의 소유자로서 법률상 원인 없이 이 사건 토지를 점유하면서 4층 401호의 소유에 필요한 대지권에 상응하는 공유지분에 관한 임료 상당의 부당이득을 얻고 있고, 이로 인해 이 사건 경매 후에도 4층 401호를 위한 사용에 제공되고 있는 이 사건 공유지분을 소유하는 원고 1에 대해 같은 금액 상당의 손해를 입혔다고 할 것이며, 원고 1이 위 공유지분을 취득한 2002년 6월 20일부터 위 원고가 구하는 2004년 6월 19일까지의 임료는 월 391,120원임이 인정되므로, 결국 피고 2는 원고 1에게 같은 기간 동안 월 391,120원의 비율에 의한 부당이득금을 지급할 의무가 있다 할 것이다.

건물 사용에 대한 배제신청 및 부당이득반환(임료)청구권

공유물의 건물에서 과반수 미만의 지분권자가 단독적으로 건물 전체를 배타적으로 점유·사용하는 경우에는 과반수 소유자는 관리행위로 건물인도(점유 · 사용배제신청)를 청구할 수 있고, 과반수 미만이라면 보존행위로 건물의 점유·사용배제, 즉 건물인도를 청구할 수 있다.

① 토지 사용료는 1년 단위로 청구하는 경우가 대부분인 데 반해 건물은 월 단위로 건물사용료에 대한 임료(차임)청구 소송을 진행해 판결문을 득하고 있다.

② 주택은 2기, 상가는 3기 이상 차임을 지급하지 않을 경우, 계약을 해지할 수 있다. 과반수의 지분을 가진 자라 해도 2기 이상의 차임을 연체 시 소수지분권자도 보존행위로서 건물인도청구가 가능하다고 보면 된다.

③ 건물에 대한 임료(차임)청구권 역시 지료와 같이 합의해서 결정하는 것이 원칙이나, 합의가 되지 못하면 법원에 건물임료청구 소송을 월 단위로 청구하면 법원은 감정평가사로 하여금 평가하도록 해서 그 평가금액을 기준으로 5~7%의 임료를 결정하고 있다.

④ 실무에서는 임료를 당사자 간 합의에 의해서도 많이 결정하게 되는데, 이때 기준으로 하는 것이 전세금액이다.

예를 들어 시세 10억 원인 아파트의 전세보증금이 4억 원인 경우, 보증금을 월세로 환산 시 적용되는 비율, 즉 주택은 연 14%, 상가는 연 15%를 적용하면 될 것이나 이 비율을 적용하면 다툼이 발생할 수 있다. 이 비율은 대통령령으로 보증금을 월세로 전환 시 초과해서는 안 되는 상한선에 해당되는 강제 규정이기 때문이다.

부동산 실무에서는 지역에 따라 편차는 있으나 전세를 월세로 전환 시 연 12%를 적용하고 있으므로 이 비율을 적용하면 상대방과 합의가 쉽게 성립될 수 있을 것이다.

그러나 합의가 이루어지지 못한 경우 법원에 청구할 수밖에 없는데, 이 경우 앞서와 같이 감정가를 기준으로 하게 된다. 어쨌든 전세보증금을 월세로 환산하는 방법은 법원으로 가지 않고 쉽게 합의를 도출할 수 있는데, 그것은 다음과 같다.

시세 10억 원인 아파트의 전세보증금이 4억 원인 경우, 4억 원에 연 12%면 48,000,000원이 된다.

48,000,000원÷365일=131,506원(1일당 차임)

따라서 131,506원에 건물 사용일수를 곱하면 건물임료를 계산할 수 있다.

그러나 아파트의 2분의 1 지분만 낙찰받고, 나머지 2분의 1 지분권자가 점유 시로 점유 기간이 70일이라면, 다음과 같이 계산하면 될 것이다.

[131,506원(1일당 차임)×70일]×1/2=4,602,710원

이러한 근거를 가지고 다른 공유자와 협의하면 법원의 소송 절차까지 가지 않고 합의가 이루어질 수 있다. 이 금액 역시 법원의 임료결정과 비교해보아도 차이가 거의 없다.

예를 들어, 10억 원 아파트에 연 5%의 임료로 계산해도 5,000만원으로 별다른 차이점은 발견되지 못하므로 합의 시 근소한 차이점이 있다면 법원에 가지 말고 합의하는 방법이 좋을 것이다.

그리고 합의가 이루어져 임료가 결정되었다면, 임료는 월 단위로 언제 지급할 것인가 등을 약정해 추후 분쟁에 대비해야 한다.

제10장

권리분석 V -
등기 안 된 권리

앞에서 기술한 권리분석의 대상이 된 권리는 등기나 그 외 점유 등의 방식으로 매수인에게 인수나 말소가 되는지, 그렇지 않은지를 권리분석했다. 이 장에서는 입찰을 할 때 꼭 필요한 몇 가지를 항목별로 살펴보고, 입찰 금액 계산에 기초가 될 수 있는 문제점들을 알아보기로 한다.

토지와 건물 외에 정착물

부동산 경매의 대상은 토지와 건물이다. 그러나 경매에서 토지와 건물이 아닌 그에 부합된 정착물이 다수 있을 수 있다. 민법 제99조에서 부동산이란 토지와 그 정착물이라고 규정하고 있기 때문이다. 이처럼 경매에서 건물 이외에 정착물이 다수 있을 수 있다. 가령 미등기 수목이나 미분리 천연과실, 그리고 토지의 부합물인 정원수나 정원석 또는 교량과 돌담 등을 말한다.

미등기 수목

미등기 수목은 토지의 구성 부분이다. 그래서 토지와 함께 경매의 대상이 되고, 매수인의 소유가 된다. 다만 수목은 감정가에 포함된다. 그러나 입목에 관한 법률에 따라 등기된 소유권보존등기가 된 입목이나 명인방법을 갖춘 수목은 독립된 부동산으로 본다.

따라서 경매에서 당연히 포함되는 것은 일정한 공시 방법을 갖추지 않은 수목을 말한다.

미분리 천연과실

미분리 천연과실인 농작물과 과수 등은 토지의 구성 부분이다. 따라서 압류의 효력이 미친다. 다만 1월 내에 수확이 가능한 과실은 유체동산으로 분류되어 별도의 채무자 재산으로 강제집행 대상이 된다. 여기서 천연과실이란, 물건의 용법에 따라 수취된 산출물이다. 이에 반해 법정과실은 물건의 사용 대가로 받은 금전 기타의 물건을 말한다. 따라서 경매에서 천연과실은 토지의 정착물로 보고, 압류의 효력이 미친다. 다만 별도의 감정가격에 산정한다.

부합

부합이란 소유자를 달리하는 수 개의 물건이 결합해 한 개로 되는 것이다. 부합물은 독립성이 있다. 즉 교량, 정원석, 돌담, 유류 저장탱크 등이다.

부속

다른 물건에 부속된 경우에 그 부속물은 독립성이 없다. 부합과의 차이는 부합은 독립한 하나의 물건으로서 그 토지나 건물의 매각에 따라가지만, 부속은 독립성이 없는 물건으로 당연히 매각으로 종속된다.

종물

상용에 공하기 위해 부속한 물건을 말한다(민법 제100조). 농지에 부속된 양수 시설은 그 토지의 종물이다. 따라서 부합물과 종물은 압류의 효력이 미치게 된다. 그래서 당연히 매각으로 매수인의 소유로 된다. 다만 감정가에 참고해서 산정할 뿐이다.

제시 외 건물

앞서도 이야기했지만 부동산 경매에서 제시 외 건물이란, 매각 대상의 토지 위에 건물이 서 있을 경우를 말한다. 이를 제시 외 건물 또는 제시 외 물건이라고 한다. 이때 감정평가서에 제시 외 건물을 감정 대상에 넣었는지를 살펴서 입찰에 참고해야 한다. 즉 제시 외 건물을 감정 대상으로 했다면 안심해도 된다. 제시 외 건물의 소유권도 매수인이 인정받을 수 있기 때문이다. 만약 제시 외 건물이 감정평가에 포함되지 않았다면 매수인이 그 소유자와 별도의 매매계약을 체결해야 한다.

따라서 제시 외 건물이란 유동적인 개념이다. 경매 절차의 진행에 따라 매각에서 제외되기도 하고, 포함되기도 하기 때문이다. 종물이면서 제시 외 건물은 토지 또는 주된 건물의 경제적 효용에 계속해서 이바지하기 위해 부속시킨 동일 소유자의 독립된 건물을 말한다. 이런 경우는 주된 경매 목적물에 속한다고 볼 수 있다.

농지취득 자격증명서

농지취득자격증명이란 농지법 제8조 제1항에 규정하고 있는바, 농지를 취득하고자 하는 자는 소재지 관서에서 농지취득자격증명을 발급받도록 하고 있다. 이는 농지의 소유권을 이전받는 등기를 할 때 첨부하는 서류다. 이는 등기의 유효 요건이지, 법률행위의 유효 요건은 아니다.

따라서 농지취득자격증명이 없다고 해서 소유권이 무효가 되는 것은 아니다. 다만 경매에서는 낙찰받고 최고가 결정이 날 때까지 법원에 제출해야 한다. 그렇지 않으면 매각이 불허된다. 그런데 실무에서는 이러한 농취증을 발급할 당시에 신청인에게 농지의 원상을 회복하는 것을 조건으로 발급하는 경우가 있다. 이때는 경영계획서 등을 작성하고, 발급하는 경우가 있을 수 있다. 참고할 문제다.

대지권 미등기

구분 소유건물(아파트나 주상복합건물의 상가와 같은 집합건물에서 전유 부분과 공동으로 사용하는 대지사용권이 별도로 특정되어 등기할 수 있는 부동산)에서 등기되지 않은 대지권이 있는 전유 부분의 건물이 경매로 나온 경우에 별다른 문제가 없는지가 문제다.

구분건물에서 대지사용권은 원칙적으로 전유 부분 건물의 종된 권리다. 따라서 '대지사용권의 분리 처분이 가능하게 하는 규약이 정해지지 아니하는 한' 대지사용권은 전유 부분의 종된 권리다. 즉, 대지권 등기가 없는 구분 소유건물의 전유 부분을 취득하면 대지사용권까지 포함한다는 것이다(대판94다12722; 대판92다527 등 다수 참조).

따라서 대지권 등기가 없는 집합건물을 경매로 매수한다고 해도 그 소유에는 문제가 없다고 하겠다.

토지별도등기

토지별도등기란, 토지에 건물과 다른 등기가 있다는 뜻이다. 집합 건물은 토지와 건물이 일체가 되어 거래되도록 했다. 따라서 토지에는 대지권이라는 표시만 있고, 모든 권리관계는 전유 부분의 등기부에만 기재하게 되어 있다. 그런데 건물을 짓기 전에 토지에 저당권 등 제한물권이 있는 경우, 토지와 건물의 권리관계가 일치하지 않으므로 건물 등기부에 '토지에 별도의 등기가 있다'라는 표시를 하기 위한 등기를 말한다. 이 경우에는 감정평가서상에 대지 지분 가격이 포함되어 있다고 하더라도 토지 등기부상의 권리자가 배당 신청을 해야 토지별도등기가 소멸이 되고 없어진다.

그런데 토지별도등기가 소멸이 되지 아니한 경우에는 반드시 해당 사건 집행기록(매각물건명세서)의 (낙찰로 인해 소멸이 되지 않는 권리)에 표시되어야 함을 명심해야 한다. 따라서 토지별도등기의 경우는 반드시 법원의 매각물건명세서 기재에 소멸이 되는 권리 여부를 확인해야 한다.

구분건물과 구분지상권 그리고 구분 소유적 공유 관계

구분건물

구분건물은 아파트 같은 집합건물에서 전유 부분과 대지사용권이 구분된 건물을 말한다. 따라서 구분건물이란, 한 동의 건물 중에서 구분 소유로 된 부분을 특정할 수 있도록 표시할 수 있어야 한다.

따라서 구분건물에서 구분 소유권이란 1동의 건물(집합건물)을 구성하는 그 각 구분된 여러 개의 부분이 독립된 건물로 사용할 수 있을 때, 그 각 부분을 별개의 부동산으로 소유하는 것을 말한다.

구분지상권

구분지상권이란, 그 개념을 민법 제289조의 2 제1항에 명시하고 있다. 즉 '지하 또는 지상의 공간은 상하의 범위를 정해 건물 기타 공작물을 소유하기 위한 지상권의 목적으로 할 수 있다. 이 경우에 설정행위로서 지상권의 행사를 위해 토지의 사용을 제한할 수 있다.' 이처럼 구분지상권은 지표상의 문제다.

결국, 구분지상권이라고 일반지상권과 본질적으로 차이가 나는 것이 아니다. 그래서 구분지상권도 일반지상권에 관한 규정이 준용된다.

따라서 구분지상권은 공중 또는 지하에 대한 지상권으로서 지하철이나 터널, 송전선 등을 설치하면서 토지 소유자와의 계약에 의한 것이라고도 할 수 있다. 다만 수목의 소유를 위해서는 설정하지 못한다.

구분 소유적 공유 관계

구분 소유적 공유 관계는 1필지로 된 공유물을 여러 명이 소유하면서 그 사용과 점유를 특정해서 관리하되, 분필 절차를 거치지 않은 상태의 소유 관계를 유지하는 것을 의미한다.

따라서 구분 소유적 공유 관계란 특정의 공유물에 대해, 분필하지 않고 공유자끼리 공유 관계를 유지하면서 공유자 간의 지분 비율이나 평수 등을 특정해서 점유, 사용하는 관계의 형태를 말한다. 이러한 구분 소유적 공유 관계에 있는 자는 공유자우선매수권이 없다.

부합물

부합물이란, 소유를 달리하는 수 개의 물건이 결합해서 한 개의 물건으로 되는 것을 말한다. 경매에서 부합물은 주된 목적물의 소유로 된다. 그런데 경매 목적물에는 '제시 외 건물'로 표시되어 있다.

종물

종물은 주물의 처분에 따른다고 규정하고 있다(민법 100조 제2항). 경매에서 대부분의 종물은 부속 건물을 의미한다. 즉 주된 건물의 상용에 이바지하는 부속시킨 건물을 말한다(민법 제100조 1항). 가령 독립한 화장실, 목욕탕, 헛간, 딴채로 된 광 등이 대표적인 주된 건물의 종물이다.

따라서 경매에서 목적물의 부속건물이라고 기재되어 있다는 사실만으로는 종물이라 할 수 없고, 현실적으로 주된 건물의 상용에 공해지는 건물이면 종물로 볼 수 있다(대결 66마222).

미등기 부동산

미등기 부동산은 등기되지 않은 토지나 건축물을 의미한다. 이러한 미등기 부동산을 경매로 신청할 경우는 토지대장, 임야대장, 건축물대장에 최초로 소유자로 된 자, 그 상속인, 포괄승계인, 확정판결에 의해 소유권이 인정되는 자, 수용으로 인해 소유권 증명되는 자, 지방자치단체장의 확인으로 소유권이 인정되는 자 등이 등기를 신청할 수 있다. 그렇다면 채권자가 미등기 부동산을 경매로 신청할 경우에는 법원에 사실조회 신청을 통해 대위 등기한 이후에 경매를 진행할 수 있다.

따라서 미등기 부동산을 경매 신청할 때는 먼저 경매 대상 목적물이 채무자의 소유 부동산임을 입증하는 서류를 제출해야 한다(민사집행법 제81조 제1항 2호, 본문, 268조).

제11장

토지

이 장에서는 토지에 대한 권리분석을 알아본다. 토지의 모양과 위치에 따른 이용가치에 대한 내용을 이해하고 지가의 변동 상태를 파악하는 것이 중요하다.

토지이용계획확인원 기재 내용

1. 지역, 지구 등의 지정 내용
2. 지역, 지구 안에서의 행위 제한 내용
3. 국토의 계획 및 이용에 관한 법률 제 117조에 따라 지정된 토지 거래 계약에 관한 허가 구역
4. 택지개발촉진법 시행령 제5조 2항 후단에 따른 열람기간
5. 보금자리주택 건설 등에 대한 특별법 시행령 제8조 2항에 따른 열람기간
6. 건축법 제2조 1항 제11호 나목에 따른 도로
7. 국토의 계획 및 이용에 관한 법률 제25조에 따른 도시관리 계획 입안사항
8. 농지법 시행령 제5조의 2 제1항에 따른 영농여건불리농지
9. 지방자치단체가 도시계획조례로 정하는 토지 이용 관련 정보

이와 같은 토지의 공부를 통해 여러 가지 공시사항을 살펴야 한다.

① 개별 공시가격을 '연도별 보기'를 통해 공시가격의 추세를 알 수가 있다.

② 지역, 지구 등의 지정 내용에 따라 개발이 제한되는 행위를 확인할 수가 있다.

③ 특히 개발 제한의 경우는 도시의 무질서한 확산을 방지하고 도시 주변의 자연환경을 보전해 도시민의 건전한 생활환경을 확보하기 위해 도시의 개발을 제한할 필요가 있거나 국방부 장관의 요청으로 보안상 도시의 개발을 제한할 필요가 있다고 인정되어 '개발제한구역의 지정 및 관리에 관한 특별조치법'에 따라 도시·군관리계획으로 결정·고시한 구역을 말한다.

④ 개발제한구역은 1971년 종전의 '도시계획법'을 개정해 도입한 제도인데, 현재는 '국토의 계획 및 이용에 관한 법률'에서 규정하고 있는 용도 구역 중의 하나다. 개발제한구역은 다음 어느 하나에 해당하는 지역을 대상으로 해서 지정한다.

㉠ 도시가 무질서하게 확산되는 것 또는 서로 인접한 도시가 시가지로 연결되는 것을 방지하기 위해 개발을 제한할 필요가 있는 지역

㉡ 도시 주변의 자연환경 및 생태계를 보전하고 도시민의 건전한 생활환경을 확보하기 위해 개발을 제한할 필요가 있는 지역

㉢ 국가 보안상 개발을 제한할 필요가 있는 지역

㉣ 도시의 정체성 확보 및 적정한 성장 관리를 위해 개발을 제한할 필요가 있는 지역

이러한 개발제한구역에서는 건축물의 건축 및 용도변경, 토지의 형질변경 등은 제한적인 범위 내에서 특별자치시장 · 특별자치도지사 · 시장 · 군수 또는 구청장의 허가를 받아 시행할 수 있다. 다만, 주택 및 근린생활시설의 대수선 등 대통령령으로 정하는 행위는 시장 · 군수 · 구청장에게 신고하고 할 수 있다.

토지이용계획확인서를 통해 토지의 이용에 관한 정확한 지식을 습득할 수 있다. 다음 사례를 살펴보면 토지이용계획확인서가 왜 중요한 것인지 알 수 있다. 이 사건의 토지는 매각되고, 불과 4년 만에 수용 절차를 밟고 보상을 받았다. 이러한 내용은 토지이용계획확인서를 살펴보면 알 수 있다.

경매개시 74 배당요구종기일 113 최초진행 0 매각 27 납부 38 배당종결(252일 소요) ← 이전 목록 다음 →

관련 물건번호	1 매각	2 매각

2015타경15948 (2) • 대구지방법원 본원 • 매각기일 : 2016.04.20(水) (10:00) • 경매 4계(전화:053-757-6774)

소 재 지 경상북도 경산시 임당동 도로명검색 지도 지도 주소 복사

물건종별	농지	감 정 가	203,000,000원
토지면적	1015㎡(307.04평)	최 저 가	(100%) 203,000,000원
건물면적		보 증 금	(10%) 20,300,000원
매각물건	토지 매각	소 유 자	김○○
개시결정	2015-10-16	채 무 자	김○○
사 건 명	강제경매	채 권 자	우리은행외2
관련사건	2015타경14600(병합), 2015타경103043(중복)		

오늘조회: 1 2주누적: 0 2주평균: 0 조회동향

구분	매각기일	최저매각가격	결과
1차	2016-04-20	203,000,000원	

매각 : 277,770,000원 (136.83%)

(입찰10명,매수인:대구 유○○ / 차순위금액 250,000,000원)

매각결정기일 : 2016.04.27 - 매각허가결정

대금지급기한 : 2016.05.27

대금납부 2016.05.17 / 배당기일 2016.06.24

배당종결 2016.06.24

사진 펼쳐보기

사진 | 토지등기 | 감정평가서 | 현황조사서 | 매각물건명세서 | 부동산표시목록 | 기일내역 | 문건/송달내역 | 사건내역 | 전자지도 | 전자지적도 | 로드뷰 | 씨리얼지도+ | 도시계획지도+

• 매각토지.건물현황 (감정원 : 하나감정평가 / 가격시점 : 2015.10.05)

목록	지번	용도/구조/면적/토지이용계획		㎡당 단가 (공시지가)	감정가	비고
토지	임당동	생산녹지지역, 개발행위허가제한지역(경산시고시제2011-16호(2011.04....	답 1015㎡ (307.04평)	200,000원 (127,500원)	203,000,000원	
감정가		토지:1015㎡(307.04평)		합계	203,000,000원	토지 매각
현황 위치	* 임당초등학교 북서측 인근에 위치, 부근 일대는 농가주택 및 농경지, 학교 등이 형성되어 있으며, 주위환경 보통시됨. * 본건 인근까지 차량접근 가능하며, 제반교통사정은 보통시됨. * 세장형의 토지로서 인접지와 대체로 평탄한 답임. 맹지임.					

등기사항전부증명서

표제부

등기부에는 표제부와 갑구·을구로 나누어져 있다. 표제부는 부동산의 표시와 구조, 그리고 면적 등이 기록되는데, 이 변동 관계는 대장등본을 기준으로 소유자의 의사와는 상관없이 기재된다. 가령 행정구역이 변경되어 주소지가 다르게 된 경우에는 소유자의 의사와는 관계없이 부동산의 소재 지번이 변경된다. 따라서 표제부의 작성은 실질적인 심사에 의한 대장등본을 기초로 이루어진다.

갑구

갑구의 기록은 소유권에 관한 내용이다. 따라서 소유권에 대한 처분을 금지하는 가처분이나 소유권의 이전을 전제로 하는 매매나 담보가등기와 가압류, 압류도 갑구에 기록된다. 가압류와 압류는 소유권자가 채무자이기 때문에 그 변동에 따라가기 때문에 갑구에 기록한다. 따라서 갑구의 기록은 소유권에 관한 권리관계를 기재한다.

을구

을구에는 소유권 이외의 권리에 대한 설정등기를 기록한다. 지역권과 지상권, 그리고 전세권과 근저당권 등의 담보등기다.

등기부의 공신력

이러한 등기부는 대장등본과는 서로 대응하는 공부다. 대장등본은 행정관서에서 담당 공무원이 실질적인 심사를 거쳐서 기록하는 등기부의 기초 자료다. 반면에 등기부는 법원 등기관의 형식적인 심사에 의한 기록이다. 따라서 공신력이 없는 등기부의 기록은 진정한 소유권자에 의해 무효화될 수 있는 여지가 있다.

대장등본

부동산 대장등본의 작성은 행정담당자의 실질적인 심사에 의해서 작성된다. 따라서 권리관계는 등기부등본을 기초로 하고, 부동산의 표시는 토지대장과 건축물 관리대장을 기초로 하게 된다.

예컨대 등기부등본과 토지대장(혹은 건축물대장)의 소유자가 다를 경우에는 토지대장(건축물대장)의 내용을 등기부등본에 있는 대로 바로잡게 되며, 등기부등본과 토지대장(건축물대장)의 면적 등이 다를 경우에는 토지대장(건축물대장)에 기재된 대로 등기부등본을 바로잡게 된다. 건축물의 연면적 등은 모두 등기부등본을 보지 말고, 건축물대장이 맞다고 보면 된다.

〈부록〉

경매 용어 해설

경매 강의를 듣고자 하면 우선 법률적인 전문용어를 이해하기 힘들어 짜증이 나는 경우가 많다. 이 장에서는 최소한의 필요 범위 내에서 꼭 필요한 용어를 이해하기 쉽도록 해석해보고자 했다. 근본만 알아도 큰 낭패를 보는 일은 피할 수 있으므로 이에 바탕을 두고 접근하고자 한다.

1. 가등기

가등기는 2가지의 형태가 있다. 담보로서의 가등기와 소유권이전 청구권 보전의 가등기다. 즉 담보물권 등의 설정이나 소유권의 이전, 변경, 소멸의 청구권을 보전하기 위해서 하는 등기다(부동산 등기법 제88조). 이러한 가등기는 본등기를 할 수 있을 만한 실체법적 또는 절차법적 요건을 완비하지 못한 경우, 장래 그 요건이 완비된 때에 마련할 본등기를 위해 미리 그 순위를 보전해두는 효력을 가지는 (소유권이전청구권 보전)가등기와 타인으로부터 돈을 빌려 쓰고 저당권 대신 가등기를 해주는 (담보)가등기가 있다. 이는 후일에 요건을 갖추어 본등기를 하면 그 본등기의 순위는 가등기의 순위로 한다. 이러한 가등기는 경매로 소멸되는 등기가 있고, 인수되는 등기가 있다. 담보가등기는 말소기준등기가 되기 때문에 무조건 말소된다. 그러나 매매 가등기는 후순위인 경우에는 소멸하지만, 선순위인 경우에는 말소되지 않고 매수인에게 인수된다. 집행법원에서는 매매나 담보의 가등기권자에게는 통지를 해서 피담보채권의 여부를 확인한다.

2. 가압류

금전 등의 채권을 보전하기 위해 미리 채무자의 재산을 압류해 채무자가 처분하지 못하도록 하는, 집행보전 목적의 제도다. 이는 종국적인 판결 등의 승패가 날 때까지의 임시 조치이므로 압류가 아닌 가압류다. 가압류는 법원이 채권자의 신청서만 믿고 하는 결정임을 알아야 한다. 가압류등기는 압류등기와 같이 말소기준등기가 될 수 있다.

가압류가 압류와 다른 점은 채권의 확정 여부에 차이가 있고, 가압류는 개인이나 법인이 채권자가 된다. 그러나 압류는 국가의 세금에 대한 채권이다. 따라서 국가가 채무자에게 부과된 세금은 합법성을 인정하기 때문에 그 금액의 확정성을 부여하고 있다. 따라서 압류채권자는 배당기일에 배당받지만, 가압류권자는 집행권원 있는 증서를 제시해야 배당을 받는다. 또한, 경매개시결정등기까지 등기되지 않는 가압류권자는 가압류등기를 해야 배당요구 신청을 할 수 있고, 배당이 가능하다.

3. 가처분

금전 이외의 특정물 지급이나 인도를 보전하기 위해서, 혹은 다툼이 되고 있는 권리관계에 관해 임시적인 지위를 보전하기 위해 채무자의 처분 등을 못 하도록 하는 조치이므로, 금전을 목적으로 집행보전을 하는 가압류와 다르다. 가처분에는 부동산 등의 점유이전금지 가처분이 있고, 처분을 금지하는 처분금지 가처분이 있다. 가처분이 있는 부동산을 진행해서 인수하게 되면 처분금지의 효가 있기 때문에 매수인은 매수의 효력이 상실된다.

4. 개별경매(분할경매)

여러 개의 부동산을 동시에 경매할 때 부동산별로 최저 경매 가격을 정해서 경매해야 한다는 원칙이다. 법원이 여러 개의 부동산의 위치나 이용 관계 등을 고려해서 이를 동일인에게 일괄적으로 매수시키는 것이 타당하다고 인정할 경우에 자유재량에 의해 일괄경매나 개별경매 등을 선택할 수 있다. 이에 대한 명문 규정은 없다. 따라서 집행법원의 재량에 의한다.

5. 경매개시결정

집행법원이 경매 신청에 의해 경매 요건이 갖추어졌다고 판단될 경우에 내리는 결정이다. 이때 법원은 등기관에게 경매개시결정등기를 촉탁한다. 이 결정에 따라 채무자에게 경매개시결정서가 송달되면 경매 신청의 기입등기가 된 때에 압류의 효력이 있다. 등기되면 부동산을 남에게 양도하거나 담보권 또는 용익권을 설정하는 등의 처분행위를 못 한다. 이는 말소기준등기가 될 수 있다. 강제경매의 경우다.

6. 경매 신청 취하

경매를 신청하고 적법한 매수신고가 있을 때까지 경매 신청인(압류채권자)이 임의로 취하할 수 있다. 그런데 매수신고 후(매수신고된 시점이 아닌, 개찰을 해서 최고가 매수신고인과 차순위 매수신고인이 정해진 뒤를 말한다)에는 최고가 매수신고인과 차순위 매수신고인의 동의를 필요로 한다.

7. 과잉 매각

한 채무자가 여러 개의 부동산을 매각하지 않아도 하나의 부동산만으로도 모든 채권자의 채권을 충분히 변제에 충당할 수 있는데도 여러 부동산을 매각하는 경우를 말한다. 이때 법원은 나머지 부동산의 매각을 허락하지 않을 수 있고, 채무자는 일부 부동산을 지정할 수 있다. 다만 민법 제365조에 의한 일괄 매각의 경우는 그렇지 않다.

8. 교부청구

채무자가 강제매각 기관에 체납 관계 세금의 납부를 하겠다는 배당요구를 하는 제도다. 이는 국세, 지방세, 징수금 등의 체납된 채무자가 강제집행 개시 절차 이전에 한 것이 된다. 이를 하게 되면 소멸시효가 중단된다.

9. 기간입찰

법원이 일주일이나 한 달 이하의 범위 안에서 매각기일을 정해놓고, 매수인이 그 기간 내에 입찰표에 입찰 내용을 기재한 후, 관할 법원의 예금계좌에 매수 신청보증금을 내고 나서 법원 보관 영수필 통지서를 입금증명서의 양식에 첨부하거나 경매보증보험증권을 입찰 봉투에 넣고 봉함한 다음, 매각기일을 기재한 후에 법원 집행관에게 제출하거나 등기우편으로 부치는 입찰의 한 제도다. 이 제도는 기일입찰과 호가입찰과 함께 입찰 방법의 하나다.

10. 기일입찰

매각기일에 입찰자가 입찰표에 입찰가격을 적어서 제출하면 집행법원이 개찰하는 입찰 방법이다. 현재 법원은 이 기일입찰을 시행한다.

11. 기록(기입)등기

새로운 사항의 등기원인에 따라 등기부에 기록하는 등기다. 보존등기나 저당권 설정등기 등이다. 그런데 부동산 등기법상 등기의 전산기록에 따라 기입이 아닌 기록되는 것이므로, '기록등기'라는 표현이 올바르다고 하겠다.

11-1. 대항요건

민법의 특별법으로 주택임차인을 보호하기 위한 주택임대차보호법과 상가건물임대차보호법이 제정되었다. 이 특별법에 의해 대항요건이라는 제도를 만들었다. 왜냐하면, 임대차는 채권계약의 일종으로 공시제도가 없는 것이 원칙이다. 그런데 우리의 관행에는 임대차계약을 할 때 보증금을 지급하는 것이 관행이다. 이러한 보증금이 경매로 인해 보장받지 못하는 경우를 대비해서 주임법과 상임법이 만들어졌고, 그에 의해 대항요건이라는 등기제도와 같은 공시제도를 만든 것이다. 그 대항요건은 주택의 경우는 주민등록의 전입과 주택의 인도이고, 상가의 경우에는 사업자등록과 건물의 인도다. 이러한 대항요건을 마친 때에는 대항력이 발생하고, 그 효력이 익일 0시부터 발생하고 제삼자에 대해 효력이 발생한다(주임법 제3조 1항 본문; 대판 99다9981). 이는 확정일자와 다른 제도다. 55) 참조.

12. 대항력

임차인이 임차보증금 전액을 반환받을 때까지 주택임차인이 새로운 매수인에 대해 대항할 수 있는 힘을 말한다. 즉, 보증금이 있을 경우에 보증금을 받기 전까지는 집을 비워줄 필요가 없다는 것이다. 다만 대항력을 갖기 위한 대항요건을 갖추기 위해서는 주택 인도와 주민등록을 전입해야 한다. 상가의 경우에는 사업자등록을 신고해야 한다. 대항요건을 갖추기 전에 등기부상의 선순위 권리가 있게 되면 매각 시에 임차인은 매수인에게 대항할 수 없다. 순위가 뒤진다는 의미다. 이는 확정일자와 구분된다.

12-1. 등기사항전부증명서

종전의 등기부등본을 등기사항전부증명서로 그 명칭을 변경했다. 따라서 법인등기부등본을 법인 등기사항전부증명서로, 부동산(토지, 건물) 등기부등본을 부동산 등기사항전부증명서 등으로 칭하게 되었다.

13. 매각결정기일

매각 법정에서 최고가매각 신고인에게 매각허가 여부를 결정하는 날이다. 이는 통상 매각기일로부터 통상 일주일 이내다.

14. 매각기일

집행법원이 해당 부동산을 매각하는 날이다. 이는 14일 전에 법원 게시판에 게시하고, 일간 신문에 공고할 수 있다.

15. 매각기일 및 매각결정기일의 통지

법원이 매각기일과 매각결정기일을 정해서 이해관계인에게 통지하는 절차다.

16. 매각기일의 지정

집행법원이 최저매각가격 등의 절차를 끝내고 경매 절차를 취소할 사유가 없다면 매각기일을 정한다. 이는 직권으로 한다.

17. 매각물건명세서

법원이 작성하는 부동산의 권리관계에 대한 일체의 사항 내역을 기록한 공문서다. 이에는 부동산 표시, 점유자의 점유권원, 점유할 수 있는 기간, 차임, 보증금에 관한 진술, 등기된 부동산에 관한 권리나 가처분 등, 매각으로 효력을 잃지 않는 것, 법정지상권 및 유치권의 여부의 개요 등을 기재한다. 이는 등기사항증명서와 함께 목적물을 확인하는 유일한 공적인 근거자료가 된다고 하겠다. 따라서 매각물건명세서를 통해 말소 여부를 결정짓고, 입찰에 응해야 한다. 이는 매각기일 일주일 전까지는 공고되어야 하는바, 그 기초는 현황조사서, 감정서, 등기사항전부증명서 등이다. 만약 입찰자가 불허가 신청을 하는 경우, 그 기재 내용을 근거로 하고 있다.

18. 매각 조건

압류된 목적 부동산의 소유권을 매수인에게 취득시키기 위한 조건이다. 이는 법원이 획일적으로 법정매각 조건과 특별매각 조건으로 규정하고 있다.

19. 매각허가결정

집행법원이 최고가 매수인에게 매각을 허가한다는 결정이다. 이 결정 후 일주일 내에 이해관계인이 항고할 수 있다. 이해관계인은 매수인·채무자·소유자·임차인·근저당권자 등이다. 이 기간 내에 적법한 항고를 하지 않으면 매각은 확정된다. 확정되면 한 달 내에 매수인이 매각대금을 완납해야 한다.

20. 매수 신청보증금

입찰자는 최저매각가격의 10분의 1을 입찰표와 함께 집행관에게 제출해야 한다. 매각결정이 종결된 이후에는 집행관은 차순위 매수신고인 이하의 사람들에게 매수보증금을 돌려줘야 한다. 만약 최고가 매수인이 대금 지급기한 내에 대금을 납부하지 않으면 그 보증금은 몰수당한다. 몰수된 보증금은 배당금에 포함된다. 따라서 보증금은 기준보다 많게 지급할 필요가 없다. 최고가 매수신고인이 대금을 미납하면, 이때 차순위 매수인이 대금을 납부할 때까지는 최고가 매수인의 보증금을 반환받지 못한다. 차순위 매수신고인에 대해 낙찰허가 여부와 대금 납부 등의 절차를 진행한다.

따라서 매수 신청보증금은 경매 물건에 대한 입찰 의사가 있는 매수인이 일정 금액을 집행관에게 납부하는 현금 또는 유가증권이다. 다만 재경매의 경우 보증금은 최저매각가격의 20%를 납부해야 한다.

21. 매수신고인

매수신고 시에 최저매각가격의 10분의 1의 금액이나 유가증권을 집행관에게 보관시키고, 그 성명과 가격을 집행관이 부르는 자다(법 제115조 1항). 매수인은 매각허가결정이 확정된 자다(민사집행법 제126조 제3항).

22. 매수신고서

경매 매각기일에 입찰자가 경매 부동산에 대한 입찰금액의 10분의 1에 해당하는 보증금을 납부하고, 동시에 입찰금액으로 매수하겠다는 취지의 서류다.

23. 매수청구권

매수청구권에는 민법상의 권리와 민사집행법상의 권리가 있다. 다른 사람의 부동산을 이용하는 경우, 이용자가 그 부동산에 부속시킨 물건에 대해 이용관계가 종료함에 즈음해서 타인에게 부속물의 매수를 청구할 수 있는 권리를 말한다. 이는 일종의 형성권이다. 이러한 매수청구권은 민법상 지상권 설정자 및 지상권자의 지상물매수청구권, 전세권자 및 전세권 설정자의 부속물매수청구권, 토지 임차인 및 전차인의 건물이나 공작물의 매수청구권 등과 같은 성질의 청구권이다. 민사집행법상으로도 공유자는 경매 기일까지 보증금을 제공하고, 최고매수신고 가격과 동일한 가격으로 채무자의 지분을 우선 매수할 수 있는 청구권이 있다. 이와 같은 성질을 지닌 청구권은 다음과 같다.

- 지상권 설정자 및 지상권자의 매수청구권(민법 제283조 및 제285조)
- 임차인 및 전차인의 갱신청구권과 매수청구(민법 제643조 및 제644조)
- 전세권자의 원상회복의무와 매수청구권(민법 제316조 제1항, 제2항)
- 경매 부동산에 대한 유체동산(민사집행법 제206조) 및 부동산(민사집행법 제140조)에 대한 배우자 및 공유자의 우선매수청구권 등이 있다.

24. 배당요구종기

경매개시결정에 따른 압류의 효력이 생긴 때(등기)부터 일주일 내에 경매 절차에 필요한 기간을 감안해서 배당요구종기일을 정한다. 이 기간 내에 제삼자에 대항할 수 있는 물권이나 채권을 등기부에 등재하지 않은 채권자(임차인 등)는 반드시 배당을 요구해야 배당을 받을 수 있다. 가압류 되지 않은 채권자는 배당요구 신청이 불가하다. 법원은 배당요구종기일을 필요에 따라 연기할 수 있다.

25. 배당이의

배당에 이의가 있는 채권자는 이해관계 있는 범위 안에서 다른 채권자를 상대로 채권액이나 채권의 순위에 대해 이의를 제기할 수 있다. 이의를 제기하고, 일주일 내에는 배당이의의 소를 법원에 제출해야 한다. 소제기증명원을 집행법원에 제출하면 법원은 그 금액에 대해서는 지급을 보류하고 공탁을 한다. 만약 소제기 증명원을 제출하지 않거나 기간을 넘기면 이의가 없는 것으로 보고 배당금은 지급되고 확정된다.

26. 배당 절차

강제집행이나 파산절차에서 압류한 재산을 각 배당 신청한 채권자에게 안분해서 변제하는 절차다. 이 배당은 매수인이 매각대금을 완납한 이후 4주 이내로 결정한다.

26-1. 법정기일

세법에서 말하는 법정기일이란, 다음 중 어느 하나에 해당하는 기일을 말한다. 즉, ① 과세표준과 세액의 신고에 따라 납세의무가 확정되는 국세(중간 예납하는 법인세와 예정신고 납부하는 부가가치세를 포함한다)에 있어서 신고한 당해세액에 대해서는 그 신고일, ② 과세표준과 세액을 정부가 결정·경정 또는 수시 부과 결정하는 경우에 고지한 당해세액에 대해서는 그 납세고지서의 발송일, ③ 원천징수의무자 또는 납세조합으로부터 징수하는 국세와 인지세에 있어서는 그 납세의무의 확정일, ④ 제2차 납세의무자(보증인을 포함한다)의 재산에서 국세를 징수하는 경우에는 납부통지서의 발송일, ⑤ 양도담보재산에서 국세를 징수하는 경우에는 납부통지서의 발송일, ⑥ 납세자의 재산을 압류한 경우에 그 압류와 관련해 확정된 세액에 대해서는 그 압류등기일 또는 등록일(국세기본법 제35조, 지방세법 제31조 제2항 제3호, 국세징수법 제47조) 중에서 정한 기일을 말한다.

26-2. 법정매각 조건

법률로 정해놓은 정형적인 매각 조건이다. 법정매각 조건에는 부동산상의 부담의 소멸, 인수(민사집행법 제91조), 최저매각가격(민사집행법 제97조 제1항), 매수 신청의 보증(민사집행법 제113조), 매수인의 소유권취득 및 시기(민사집행법 제135조), 소유권취득의 등기 시기와 방법(민사집행법 제144조), 대금납부의 시기와 방법(민사집행법 제142조, 제143조), 담보책임(민법 제578조), 대금지급을 하지 못한 경우의 효과(민사집행법 제138조), 부동산 인도의 시기, 방법(민사집행법 제136조) 등이 모두 법정매각 조건이다.

27. 부동산 인도명령

경매 부동산을 매수한 매수인이 매각대금을 전액 납부하면서 채무자 등에 대해 낙찰 부동산의 소유권을 주장하면서, 인도를 요구한다. 이때 채무자 등이 임의로 부동산 인도에 응하지 않은 경우 대금 납부 후 6개월 이내에 집행관으로 하여금 매각 부동산을 강제로 매수인에게 인도하게 하는 제도다. 이는 매수인이 대금 납부와 동시에 집행법원에 신청하는 경우가 대부분이다. 인도명령 신청을 하면 인도명령 심리 및 심문을 하게 되고, 심리 절차가 끝나면 인도명령 결정을 한다. 결정이 내려지면 인도명령 결정문을 상대방에 송달한다. 결정문이 송달되면 매수인은 그 송달증명원과 집행문 부여 신청을 받아 집행관에게 집행을 의뢰해 인도 집행이 이루어진다. 이 과정이 상당히 오래 걸리기 때문에 대금 납부 신청과 목적물 점유이전금지 가처분신청을 동시에 하는 경우가 많게 된다.

28. 선순위

일반적으로 선순위라고 하면, 채무의 변제순위에 있어서 다른 부채보다 우선적으로 변제되는 것을 말한다. 다른 부채보다 나중에 변제되는 것은 후순위라고 한다. 그런데 경매에서 선순위라고 하면 특정의 권리보다 앞선 권리를 말한다. 가령 선순위 임차인이나 선순위 근저당권자 등이다. 일반적으로는 말소기준등기를 기준해서 선순위와 후순위를 정한다.

29. 소멸주의

경매로 인해 권리가 소멸된다는 주의다. 즉 말소기준등기 이후에 전입한 임차인이나 권리자들은 매각에 의한 소유권이전등기 시에 그 권리가 소멸한다. 이처럼 경매로 인해 권원 없는 등기가 말소되는 것을 말한다. 이는 매수인이 권리를 인수해야 하는 인수주의에 대립되는 개념이다.

30. 신경매(신건)

입찰을 시행했지만 매수인이 없어 다시 기일을 지정한 경매, 유찰된 경우 또는 매각불허가결정이 난 경우의 경매를 말한다. 이는 매수인이 매각대금을 납부하지 않아 다시 경매하는 재경매와는 구분된다.

31. 우선매수권

공유물의 지분이 매각에 들어갔을 때 공유물지분의 다른 공유자가 매각기일까지 최저매각 가격의 10분의 1에 해당하는 보증금을 제공하고, 최고매수 가격과 같은 금액으로 채무자 지분을 우선매수 하겠다고 신고할 수 있는 권리다. 이러한 우선매수권자의 신고가 있게 되면 최고가 매수자는 자동으로 차순위 매수신고인이 된다. 이는 공유물분할 청구에서 분할이 되지 않아 공유물 전체를 매각하는 경우, 공유자가 우선매수권이 없다. 우선매수권 행사는 한 번으로 끝나고 두 번 다시 할 수 없다.

32. 우선변제권

다른 채권자에 앞서서 자신의 채권을 우선적으로 변제받을 수 있는 권리다. 세입자가 배당 절차에서 우선변제를 받으려면 받을 수 있는 권리다. 예컨대 임차인이 배당 절차에서 우선변제를 받기 위해서는 주민등록상 전입신고가 되고, 주소지에 거주해야 하며, 임대차계약서를 확정일자로 받아두어야 한다. 또한, 담보권자는 담보물의 매각에 따른 매각대금에서 우선적으로 변제받을 권리가 주어진다. 다만 선순위 담보권자가 있으면 그 담보권의 피담보채권을 변제하고 남는 금액에서 변제받게 된다.

33. 유찰

매각기일에서 매각 불능이 된 경우를 말한다. 즉 매수신고자가 없는 경우다. 일반적으로 유찰되면, 다음 매각기일에는 최저가에서 20%를 내려서 최저가를 정한다. 그러나 이는 집행법원마다 차이가 있다. 민사집행법 개정안에는 유찰을 방지하고자 감정가에서 20%나 30%의 비율에 해당하는 정도의 금액에서 첫 매각기일이 시작되도록 하고 있다.

34. 이중 경매(압류의 경합)

한 부동산에 경매개시결정이 2개 이상 있는 경우다. 즉 강제경매나 임의경매가 이루어진 경우에 다시 경매 신청이 있는 경우다. 이때는 법원이 처음 신청인의 경매 절차에 의해 진행한다. 참고로 공매에서는 한번 유찰되면 최초감정가에서 10%씩 내려 잡고, 매주 매각기일을 정한다.

35. 인수주의

경매가 종결된 경우에 매수인에게 등기되면서 종전의 권리가 소멸되지 않고, 매수인에게 인수시키는 방식을 경매에서 인수주의라고 한다. 이는 최선순위(말소기준권리)보다 앞선 용익물권, 담보물권이 없는 경우는 경매개시결정등기보다 빠른 용익물권, 그 권리 자체가 인수되는 특성이 있는 권리는 법정지상권과 분묘기지권, 그리고 예고등기 등이다. 이는 소멸주의에 대응하는 개념이다.

36. 일괄경매

법원의 직권이나 신청인의 요구에 의해 부동산의 위치나 형태, 그리고 이용관계 등을 살펴서 하나의 집단으로 매각함이 옳다고 생각될 경우에 한다.

37. 임의경매

저당권(근저당권), 질권, 전세권 등 담보물권의 실행에 의해 이루어진 경매다. 이는 일반채권자가 채무자의 재산을 압류해서 그 매각대금으로 채권에 만족시키기 위해서 거치는 강제경매에 대응하는 개념이다. 임의경매 신청권자는 전세권자나 담보물권자다. 담보물권에는 질권자(동산의 경우)와 유치권자도 이에 준하고 있다(민사집행법 제274조 참조).

38. 입찰 기간

기간입찰에서 정한 기간이다. 이는 기일입찰과는 달리 지역과 시간에 구애받지 않고 보다 많은 사람이 일정기간(일주일이나 한 달) 내에 입찰에 참여할 수 있도록 하기 위해 하는 제도다.

39. 잉여의 가능성이 없는 경우의 경매 취소

법원이 정한 최저매각 가격으로 경매 신청권자의 채권에 우선하는 부동산상의 모든 부담과 경매 비용을 변제하면 잉여가 없는 경우에, 이 사실을 경매 신청권자에게 통지한다. 이때 신청권자는 스스로 매수신청을 하면서 보증금을 납부하지 않는 한 법원의 직권으로 경매 절차를 취소한다. 스스로 매수 신청을 하는 경우에는 선순위의 채권을 변제하고도 자신에게 일정액이 배당되는 금액을 제시해야 한다.

40. 제시 외 물건

집행관의 현황 조사 당시나 감정평가 당시에 부동산 등기사항전부증명서상에 표시되지 않은 미등기된 건물이 매각 대상의 토지 위에 있을 경우를 말한다. 이를 제시 외 건물 또는 제시 외 물건이라고 한다. 이때 감정평가서에 제시 외 건물을 감정 대상에 넣었는지를 살펴서 입찰에 응해야 한다. 즉, 제시 외 건물을 감정 대상으로 했다면 안심해도 된다. 제시 외 건물의 소유권도 매수인이 인정받을 수 있기 때문이다. 만약 제시 외 건물을 감정평가에 포함되지 않았다면 매수인이 그 소유자와 별도의 매매계약을 체결해야 한다.

41. 재매각(재경매)

최고가 매수신고인에 대한 매각허가결정이 되고도 대금지급 기간을 넘기고 납부하지 않은 경우에, 차순위 매수신고인도 없게 되면 법원은 직권으로 경매를 다시 시작하는 것을 말한다. 이때의 보증금은 최저가의 20%다.

42. 집행관

강제집행을 실시하는 자로서 지방법원에 소속된 재판의 집행업무를 담당한다. 집행관은 공무원 신분은 아니지만, 집행업무를 수행하는 동안은 공무수행이 된다. 이때 업무를 방해하면 공무집행방해죄가 된다.

43. 집행권원

일정한 사법(私法)상의 급여 청구권의 존재나 범위를 표시하고, 그 법률이 강제집행으로 청구할 수 있는 권리를 부여하는 증서다. 집행권원이 되는 증서는 화해조서, 조정조서, 확정된 판결정본, 공정증서, 확정된 지급명령 등이다. 이는 강제집행의 불가결한 기초이고, 민사집행법에 근거하고 있다.

44. 집행력

강제집행을 실시할 수 있는 효력을 말한다. 즉 집행채권자가 집행법원에 강제집행을 신청하면, 집행권원에 의한 일정한 급부를 위한 강제집행을 하게 된다. 이때의 효력을 집행력이라 한다. 집행력은 기판력과 다르다. 기판력이란, 확정판결에 의해 한번 판결을 받은 사항에 대해서는 후에 다른 법원에 다시 제소되더라도 전의 재판 내용과 모순되는 판단을 할 수 없도록 구속하는 소송법상의 효력이다. 예컨대 공정증서는 기판력은 없어도 집행력은 있다.

45. 집행문

채권자가 채무자의 재산에 강제집행을 신청하기 위해 법원사무관이나 공증사무소에서 집행권원의 말미에 부기하는 공증 문언을 말한다. 이를 집행력 있는 정본, 또는 집행 정본이라고도 한다.

46. 집행법원

강제집행에 관해 권한을 행사하는 법원을 말한다. 집행법원은 통상 지방법원이며, 단독 판사가 담당한다.

47. 차순위 매수신고인

최고가 매수신고인 다음의 금액을 신고한 매수신고인이다. 차순위 매수신고인의 보증금은 최고가 매수신고인의 대금이 완납될 때까지는 반환받지 못한다. 대신 최고가 매수신고인의 사정으로 매각이 불허되거나 대금 납부가 이행되지 않을 경우, 다시 매각을 실시하지 않고도 매각허부 결정을 받을 수 있다. 다만 집행관이 매각기일에 최고가 매수신고인에 대한 결정을 하고, 그다음에 차순위 매수신고인에 대해서 차순위 매수신고를 할 것인지를 묻는다. 이때 차순위 매수신고인이 차순위 신고를 하게 되면, 그 보증금은 대금 납부 시까지 반환받지 못한다. 만약 차순위 신고를 하지 않겠다고 하면, 다른 입찰자와 함께 입찰보증금을 돌려받는다. 차순위 매수신고인이 수인(數人) 추첨으로 결정한다. 또한, 최고가 매수인이 대금 납부를 못 하고 차순위 신고인이 매수인이 되겠다고 한 경우에는 최고가 매수자는 보증금을 돌려받지 못한다.

47-1. 체비지

체비지란 환지에서 발생하는 용어다. 환지 방식의 도시개발사업에서 시행자가 환지로 정하지 않고 경비에 충당하기 위해 남겨두는 땅을 말한다. 이때의 환지란 도시개발사업의 시행 방식 중 하나로 토지 소유자가 개발 과정에서 비용을 지불하는 대신, 사업 후 필지 정리를 통해 토지 소유권을 재분배하는 방식이다. 이때 시행자는 도시개발사업에 필요한 경비에 충당하거나 규약·정관·시행규정 또는 실시계획으로 정하는 목적을 위해 일정한 토지를 환지로 정해서 토지 소유주에게 돌려주는 대신 보류지로 정할 수 있다. 이 보류지의 일부를 체비지로 정해 도시개발사업에 필요한 경비에 충당할 수 있다(도시개발법 제34조). 다시 말해, 토지구획정리사업의 시행자가 그 사업에 필요한 재원을 확보하기 위해 환지(換地) 계획에서 제외해둔 땅을 말한다. 이러한 체비지는 구획정리 사업구역 내 땅 소유주들의 일정 부분의 땅을 떼어내 충당하는데, 이를 감보(減步)라고 한다. 이 감보 비율이 큰 경우는 80%가 되는 경우도 있다. 땅의 가치가 높게 될 것을 기대하기 때문이다.

48. 최고가 매수신고인(최고가 입찰자, 낙찰자, 경락자, 매수인)

집행법원은 입찰이 종료되면 입찰의 액수와 이름을 밝히고, 최고입찰자를 결정한다. 만약 2인 이상이 동일한 액수가 되면 다시 그들만을 상대로 추가입찰을 실시한다.

49. 최저매각가격

집행법원이 매각결정기일의 지정·공고 때에 매각 부동산의 매각가격을 기재한다. 최초의 매각기일에는 감정가를, 2차 매각기일에는 상당의 금액을 저감한(통상 20~30%가 되나 이는 집행법원마다 달리한다) 가격이 최저매각가격이다. 입찰에 응해 무효가 되지 않으려면, 최소한 최저매각가격보다는 같거나 높아야 한다. 민사집행법 개정안에는 감정가에서 20~30%에서 정한다고 한다.

50. 토지별도등기

토지에 건물과 다른 등기가 있다는 의미다. 즉 토지 위에 건물을 짓기 전에 저당권이나 다른 제한물권이 설정되어 있어서, 건물과는 별도로 다른 권리의 등기가 존재한다는 의미다. 그렇게 되면 토지와 건물상의 저당권 등의 등기가 일치하지 않아 토지에 건물이 아닌 다른 권리의 등기가 있다는 표시다. 집행건물에서 토지별도등기의 경우, 토지 별도 등기권자가 대지를 별도 매각을 한다 해도 그 효력이 없다. 일체성의 원칙 때문이다(집합건물 소유 및 관리에 관한 법률 제 20조 참조, 대판 2005다 15048).

51. 특별매각 조건

법원이 부동산을 매각해서 그 소유권을 매수인에게 이전시키는 특별한 형태의 매각 조건 중 하나다. 이는 법정매각 조건에 대응하는 개념으로, 집행관이 경매 기일에 그 조건 내용을 고지해야 한다. 따라서 법정매각 조건의 경우는 관계인에게 그 내용을 고지할 필요가 없고, 특별매각 조건의 경우는 법원이 '거래의 실상을 반영하거나 경매 절차를 효율적으로 진행하기 위해 필요한 경우에' 직권으로 하거나 관계인의 합의에 의해 법정매각 조건을 정하거나 부가하는 매각 조건이다. 특별매각 조건은 법정매각 조건과는 달리 그 조건의 내용을 고지해야 한다.

52. 항고보증금

매각허가결정에 대해 항고할 자는 보증금으로 매각대금의 10분의 1에 해당하는 금전 또는 법원이 인정한 유가증권을 공탁해야 한다. 이를 제공하지 않으면 원심법원은 이를 각하한다. 이 보증금은 채무자나 소유자가 한 항고 기각에 대한 보증금은 몰수하고 이를 배당금에 포함한다. 그러나 그 외의 사람이 제기한 항고에 대한 기각의 경우는 보증금의 범위 내에서 항고한 날부터 항고 기각결정이 확정될 때까지의 매각대금에 대한 금액(연 20% 상당의 금액)을 돌려받을 수 없다.

53. 현황조사보고서

법원은 경매개시결정 후 지체 없이 집행관에게 부동산의 현황, 점유관계, 차임 또는 임대차보증금의 수액 및 기타 현황조사에 관해 조사할 것을 명한다. 이때 집행관이 현황을 조사하고 작성해 법원에 제출된 보고서다.

54. 호가경매

부동산 경매에서는 현재 사용하지 않는 매각 방법의 하나다. 이는 호가경매 기일에 매수 신청금액을 올려 부르는 방법으로 한다. 집행관이 최고금액을 3번 부른 후에, 신청한 사람을 최고가 매수신고인으로 정한다. 이름과 매수 신청금액을 고지해야 한다.

55. 확정일자

확정일자란 어떤 증서에 대해 그 작성일자에 관한 완전한 증거력을 부여하는 법률상 인정되는 일자다. 이는 일자를 소급시켜 증서를 작성하는 것을 방지하기 위한 제도다. 확정일자 있는 증서는 완전한 증거력을 인정받는다(민법 부칙 제3조 제1항). 통상 임대차계약에서 임차인 등이 등기소나 공증사무소 등에서 날인을 받게 되면 계약 일자를 변경할 수 없도록 하고 있다. 이는 통상 임차인이 임대보증금을 우선 받을 수 있도록 임대차계약서 원본에 관인을 확인한다. 등기가 없는 상태에서 보증금을 받도록 하는 제도다. 따라서 확정일자는 대항요건(인도와 주민등록 전입)과는 다르다. 동사무소에서는 최초주민등록 전입 시에 한해 확정일자를 계약서 원본에 부여하고 있다.

56. 환매

환매란 매도인이 매매계약과 함께 특약으로 환매할 권리, 즉 환매권을 유보한 경우에 그 환매권을 일정한 기간 내에 행사함으로써 매매의 목적물인 부동산을 다시 가져오는 것을 말한다. 부동산의 환매 기간은 5년을 넘지 못하고, 5년이 지나면 5년으로 한다. 환매권의 행사는 5년 내에 행사해야 한다. 부기등기에 의한 등기된 환매권은 용익권에 준해 등기순위에 의해서 말소 여부가 결정된다. 따라서 선순위인 경우는 말소되지 않고, 말소기준등기가 되지 않는다. 등기에는 환매 금액, 기간, 환매권자를 기재하지 않으면 제삼자에 대항하지 못한다. 환매에 의한 권리취득은 이전등기의 방식이다. 기간의 계산은 등기일이 아닌 특약으로 정한 성립일부터다. 환매권 있는 부동산을 매수한 매수인은 나중에 환매권자가 환매 대금을 반환하고 등기하게 되면 소유권을 취득하게 되고, 매수인은 소유권을 상실한다. 이때 환매 대금은 현재의 소유자인 매수인에게 반환한다.

57. 환지

환지란 일정 구역 안의 토지를 대상으로 그 전체로서의 효용을 증진시키기 위해 토지의 구획과 형질을 질서 있게 정리·변경한 다음, 종전의 토지에 관한 권리관계를 그 내용의 변동 없이 새로운 획지에 교환·분할·합병의 방법에 의해 이전시키는 것을 말한다. 이러한 환지 처분에 의한 등기를 환지 등기라고 한다. 환지 계획은 '도시개발사업으로 조성된 대지를 어떻게 분배할 것인가?'에 초점을 맞추어 사업시행자가 입안하고 시장 군수의 인가를 통해 확정되는 행정계획이다. 이는 환지 계획→환지 예정지 지정→환지 처분 등의 순으로 한다. 환지 등기가 있는 부동산을 경락받은 매수인은 전혀 문제가 발생하지 않는다. 도시개발사업 후에 소유자에게 재분배될 환지 예정지가 경매로 매각된 경우, 환지 청산금은 전 소유자가 아닌 경락받은 매수인이 받아야 한다(서울고법 2013. 7. 10, 2012나81069). 환지를 시행할 수 있는 자는 토지 소유자, 도시개발사업조합, 지방자치단체, 한국토지주택공사(LH), 국가 등이다.

58. 환지 등기

환지 처분에 의해서 하는 등기를 환지 등기라 한다. 환지 등기는 환지 계획→환지 예정 지정 처분→환지 처분→환지 등기순으로 이루어진다. 환지를 시행할 수 있는 자는 토지 소유자·도시개발 사업 조합·지방자치단체·한국토지주택공사(LH)·국가 등이다.

부동산 경매 권리분석 5단계

제1판 1쇄 2023년 4월 7일

지은이 김대현
펴낸이 최경선 **펴낸곳** 매경출판(주)
기획제작 ㈜두드림미디어
책임편집 최윤경, 배성분 **디자인** 얼앤똘비악earl_tolbiac@naver.com
마케팅 김성현, 한동우, 김지현

매경출판㈜
등록 2003년 4월 24일(No. 2-3759)
주소 (04557) 서울시 중구 충무로 2(필동1가) 매일경제 별관 2층 매경출판㈜
홈페이지 www.mkbook.co.kr
전화 02)333-3577
이메일 dodreamedia@naver.com(원고 투고 및 출판 관련 문의)
인쇄·제본 ㈜M-print 031)8071-0961
ISBN 979-11-6484-538-5 (03320)

책 내용에 관한 궁금증은 표지 앞날개에 있는 저자의 이메일이나
저자의 각종 SNS 연락처로 문의해주시길 바랍니다.

매일경제신문사

같이 읽으면 좋은 책들

오르는 땅은
이미 정해져 있다
토지 투자의 초특급 핵심 비밀

이것이 진짜
토지 개발이다

초보부터 고수까지
위기의 부동산 중개 탈출법
생각하는
공인중개사가
생존한다!

이제 재건축·재개발 세금이 한결 쉬워진다!
신방수 세무사의
재건축
재개발
세무
가이드북
실전 편

부린이 탈출을 위한
부동산
투자입문서
대한민국 부동산 초보자가 꼭 알아야 할
돈 버는 투자의 정석

신의 재테크
GPL 아파트 담보대출로
매일매일 돈 벌어주는
남자

현명한 부동산 투자의 시작
숨어 있는
토지 개발로
10억
만들기
개발해서 돈 되는 땅은 따로 있다!

부자의 첫걸음
내 집 마련

부자 경매의 시작
알기 쉬운
특수 경매

신방수 세무사의
확 바뀐
부동산
매매사업자
세무 가이드북
실전 편

집을 싸게 사려면 내재가치를 마스터하라!
내 집을 싸게 사는
최고의 방법

서울시 공정경제과 황박사가 알려주는
NEW
상가임대차
분쟁 솔루션

멈출 수 없는
UNSTOPPABLE
공간개발의 미래과제와
부동산 투자의 새로운 시각

신방수 세무사의
주택임대사업자
등록말소주택
절세 가이드북

부동산 성공 투자의 시작
알기 쉬운
경매 실무
발품 팔면
성공이
보인다

RESTART
부동산 투자
아무도 말해주지 않는 불변의 성공비법

극한직업
건물주

꼬마빌딩 건축

신방수 세무사의
확 바뀐
상가
빌딩
절세 가이드북

우대빵과 함께하는
성공 부동산
중개사무소
창업
투명하게! 공정하게! 부동산 중개 시장을 바꾼다

지식산업센터
투자의
정석

닥치고 현장!
소액자본으로
부동산
부자되기

신방수 세무사의
부동산 증여에
관한 모든 것

부자 경매의 시작
알기 쉬운
기초 경매
볼 줄 알고
읽을 줄만 알면
경매는 한다

라첼과 함께 공부하는
셀프 경매
바이블

실전 사례로 풀어보는
상가 셀프
경매의 정석
상가 경매로 노후 대책 마련하기
상가 경매를 통해 안정적
파이프라인을 만드는 비법 공개

닥치고 현장!
부동산에
미치다
부동산 투자의 답은 현장에 있다!

쉽게 따라 하고
빠르게 도전하는
빌라
투자
방정식

DEVELOPER
부동산 투자의 체내화법
디벨로퍼
경매

부동산 슈퍼리치만 아는
투자 비밀
SUPER RICH

월세
보증금으로
부동산 산다
반값 생활 경매 솔루션
부동산 시장이 급변해도
불변하는 부동산 경매의 장점!

개정판
신방수 세무사의
1인
부동산
법인
하려면 제대로
운영하라!

대박나는 부동산 중개
핵심
공인중개사
실무 교육

실전사례로 알려주는
부동산
경매·공매
특수물건
투자 비법

거지였던 나는
상가 투자로
32억
건물주가 되었다

공매 투자,
지금이 기회다

직장인도 따라 할 수 있는
별장펜션 창업

한권으로 끝내는
토지 투자 성공공식

임장의 여왕이
알려주는
부동산 투자 전략

'발칙한 발상'이
부동산 성공 투자를
부른다
토지, 상가의 성공 투자법

미니
재개발·재건축의
모든 것

당신의 경제 탈출구가 되어줄
이기는
부동산 경매의
비밀

종부세
핵폭탄 대비하는
완벽 솔루션

신방수 세무사의
이제 부동산 세금을 알아야
주택 보유&
처분 할 수 있는
시대다

투자 전, 꼭 알아야 하는
상가임대차법
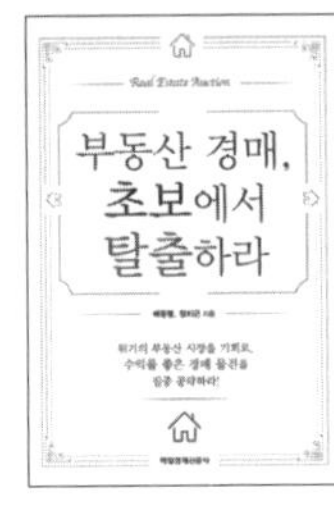
Real Estate Auction
부동산 경매,
초보에서
탈출하라

초규제 시대,
부동산 투자의 정석

돈이 되는 부동산
vs
돌이 되는 부동산

신방수 세무사의
양도
소득세
완전
분석

사례로 풀어보는
지분경매
지분경매 해결 TWO 기둥
= 소송+협상

신방수 세무사의
부동산 거래 전에
자금출처부터
준비하라!

부동산 관리도
경영의 시대

부동산 관리와
종합서비스

신방수 세무사의
상속분쟁 예방과
상속
증여
절세 비법

김 과장도 돈 버는
셰어하우스
SHARE
HOUSE

내 생애 짜릿한
대박 상가
투자법

세금 오르면 주택임대사업 하지 마라!
신방수 세무사의
주택임대사업자
등록과
절세 비법

나는 장애를 딛고
부동산 경매로
성공했다

불황에도 매출 10배 올리는
상위
1%
공인
중개사의
마케팅
비법

GTX 시대, 부동산 투자 비법은 따로 있다!
아파트는 살고
땅은 사라

부동산 투자를 시작하기 전에 꼭 읽어봐야 할 실전 기술
부동산 상식을 돈으로 바꾸는 방법
매일경제신문사

해외 부동산 투자, 나는 말레이시아로 간다
MALAYSIA
투자자에게 알려주고 싶은 부동산 블루오션
매일경제신문사

당신도 건물주가 될 수 있다!
원룸 마스터
원룸으로 공무원의 삶을 누리자!
매일경제신문사

부동산 투자자, 계약자가 꼭 알아야 하는
부동산 실무 法 용어사전 1,000
부동산 거래의 핵심 단어 1,000개!

부자로 환승하라 머니트레인
부동산 투자, 이제는 지하철이 핵심이다!
매일경제신문사

부동산 투자 인사이트

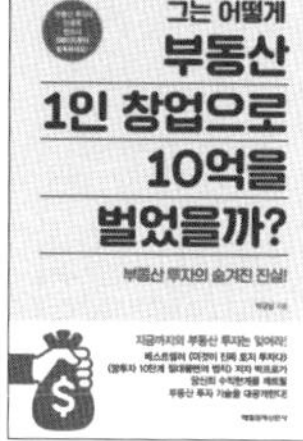
그는 어떻게 부동산 1인 창업으로 10억을 벌었을까?
부동산 투자의 숨겨진 진실!
매일경제신문사

돈 버는 주택임대 관리기법
복합적인 관리업무와 경영활동이다!
매일경제신문사

10%대 수익률을 위한 최고의 부동산 재테크
P2P 투자의 정석
저금리 시대, 높은 수익률을 보장하는 최고의 재테크!
매일경제신문사

부동산으로 이룬 자유의 꿈
잘 키운 아파트, 직장 퇴사 안 무섭다!
매일경제신문사

아파트 경매, 지역 분석이 먼저다!
매일경제신문사

매매 사례를 중심으로 살펴보는
대박 친 빌딩 투자의 비밀

부자가 되기 위한 부동산 요리법
정준환의 부동산 레시피
요리를 하는 것처럼 부동산에 익숙해져라!
매일경제신문사

초보를 위한 취업과 창업 완벽 가이드
잘나가는 공인중개사의 비밀노트
한 권으로 정리한 단기 속성 실무전략
매일경제신문사

新
명품 토지 중개 실무
다양한 사례와 함께 살펴보는 실무 노하우
매일경제신문사

실패 없는 부동산 패러다임
돈 길 따라가는 부동산 투자
매일경제신문사

부동산 세무 가이드북
Real estate Tax Guide Book
실전편
2019 개정세법 반영 전면개정판
매일경제신문사

개념부터 쉽게 배우는 부동산 필수 상식
돈 되는 부동산은 따로 있다
매일경제신문사

지식산업센터 투자 실전 편
부동산 투자, 아파트형 공장이 틈새다
매일경제신문사

2달 만에 월세 200만 원 받는
월세 부자 레시피
이제 당신도 부자가 될 수 있다!
매일경제신문사

직장인들도
쉽게 따라할 수 있는
新 부동산 공매
가이드북
실전편

양도·증여·상속의 모든 것
기막힌
부동산
절세의
비밀
생활 속의 세금 상식을 담은
절세 필독서

경공매·NPL 투자자와 자산가도 꼭 알아야 하는
부동산
매매·임대사업자
세무
Real estate
Business
Tax
Guide Book
가이드북
실전편

나는
부동산 투자로
파산자에서
100억 부자가
되었다

경쟁하기 싫은 경매 투자자들의 신세계
지분경매,
공유지분,
독점경매
남들과 경쟁하기 싫고,
혼자 전부 독식하고 싶다!

입찰에서 취득까지, 배당에서 명도까지
부동산 경매의 모든 것
이것이 진짜
성공 경매다

부동산 전문 아나운서의 재테크 실천법
결혼은 선택이지만
부동산
투자는
필수다

수익형 부동산 건축과 재테크 투자 비법
헌집 살래
새집 살래

부자 되는
주택
임대사업
이제 대세는 수익형 부동산이다
평생 돈 걱정 없이 사는 월세 부자 되기

돈 버는
공인중개사는
따로 있다

전세가를 알면
부동산 투자
가 보인다
시장 심리를 파악하면, 투자 흐름이 보인다!

서울시 공정경제과
주무관이 알려주는
부동산
거래와
판례

스타들의
부동산
재테크
스타들의 사생활보다 더 궁금한
그들만의 부동산 투자
스타가 좋아하는
부동산은 따로 있다?

지분 경매로
토지 개발업자 되기

부동산 재테크
역세권이
답이다
철도 & 역세권 15년 경력의 노하우

세무조사
대비의 모든 것
아는 만큼 보인다!

주택 연출가
무조건 따라하기

커피 한 잔 값으로
초대형 오피스 주인 되기
리츠
얼리어답터

고수익을 안겨주는 블루오션 토지 경매
신의 한 수
금맥
경매
토지 경매로 금맥을 캐라!

주택
아파트
세무 가이드북
실전편

권리분석
완전정복으로
10년 안에
10억 벌기
"치열한 경쟁에서
투자 성공률을 높여라!"

대한민국을
움직이는
땅 투자 법칙 100

흔한 직장인의 흔하지 않은 투잡 경매 성공기
돈의 보감
평범한 샐러리맨, 투잡 경매로
5년에 10억 벌다
경매로 재테크하고
NPL로 두 번째 월급 받다

나는 갭 투자로
300채 집주인이
되었다
아파트 300채 부자
박정수가 공개하는
화제의 투자법 대공개!
실전편

토지
세무
가이드북
Land
Tax
Guide Book
실전편

新 상가
투자
보물
찾기

상가
세무
가이드북
shopping
center
Tax
Guide Book
실전편

응답하라!
위기의
부동산

시크릿
부지경매
나는
토지 경매로
금맥을 캔다

NPL과 경매, 토지보상이 하나로
토지보상경매
실전활용

세무조사
실무
가이드북
Tax investigation
Practical affairs
Guide Book
실전편

부실채권의 기본부터 수익률 분석까지
NPL
투자분석과
계약실무
실전편
Non Performing Loan
실무 사례를 통한 실전투자분석서!

야생화의
기초 경매

국토도시계획을 알아야
부동산 투자가 보인다

GLOBAL
REAL ESTATE
INVESTMENT & DEVELOPMENT BIBLE
해외 부동산
투자& 개발 바이블

만화로 풀어 쓴 경매 관련 판례 해설서!
부동산 경매
대법원 판례집

유치권
깨트리는 法
지키는 法

울보멘토
야생화의
경매이야기

경매, 공매, NPL을 한권에 해결하는
Perfect
퍼펙트
경매

부실채권의 기본부터 수익률 분석까지
NPL
투자분석과
계약실무
실전편
Non Performing Loan
실무 사례를 통한 실전투자분석서!

가치 있는 콘텐츠와 사람
꿈꾸던 미래와 현재를 잇는 통로